普通高等教育“十四五”规划教材

基于R语言的农业数据统计分析实训

马韫韬　于合龙　王瑞利　主编
李保国　主审

中国农业大学出版社
·北京·

内 容 简 介

R 语言是一门用于统计分析、数据挖掘和数据可视化的语言，在大数据时代其应用领域非常广泛，适用于复杂数据、大数据的统计分析和可视化，现已成为国际学术界和其他领域的主流工具。本书结合农业数据的特点，从数据挖掘角度和农业案例应用讲解两个主要方面，讲述了 R 语言特性、数据对象和管理、基本统计分析概念、数据挖掘建模和应用等内容。对于非计算机专业的读者来说，将计算思维和程序能力打好基础，对今后专业数据的分析处理很有帮助。

图书在版编目(CIP)数据

基于 R 语言的农业数据统计分析实训/马韫韬，于合龙，王瑞利主编. --北京：中国农业大学出版社，2024.8. --ISBN 978-7-5655-3276-4

Ⅰ. F302.5

中国国家版本馆 CIP 数据核字第 2024R02D43 号

书　　名　基于 R 语言的农业数据统计分析实训
Jiyu R Yuyan de Nongye Shuju Tongji Fenxi Shixun

作　　者　马韫韬　于合龙　王瑞利　主编

策划编辑　梁爱荣　　**责任编辑**　梁爱荣
封面设计　郑　川　李尘工作室
出版发行　中国农业大学出版社
社　　址　北京市海淀区圆明园西路 2 号　　**邮政编码**　100193
电　　话　发行部 010-62733489，1190　　读者服务部 010-62732336
编辑部 010-62732617，2618　　出　版　部 010-62733440
网　　址　http://www.caupress.cn　　**E-mail** cbsszs@cau.edu.cn
经　　销　新华书店
印　　刷　天津鑫丰华印务有限公司
版　　次　2024 年 8 月第 1 版　　2024 年 8 月第 1 次印刷
规　　格　170 mm×240 mm　　16 开本　　9.5 印张　　171 千字
定　　价　32.00 元

编审委员会

主　编　马韫韬(中国农业大学)

于合龙(吉林农业大学)

王瑞利(内蒙古科学技术研究院)

副主编　白　凯(内蒙古自治区环境监测总站呼伦贝尔分站)

朱晋宇(中国农业科学院蔬菜花卉研究所)

吕春利(中国农业大学)

参　编　季　方(中国农业大学)

张　健(吉林农业大学)

冯璞玉(中国农业大学)

邵　科(内蒙古科学技术研究院)

徐兴梅(吉林农业大学)

董乔雪(中国农业大学)

徐　云(中国农业大学)

主　审　李保国(中国农业大学)

前言

农业，作为人类生存与发展的基石，对于维护国家社会稳定具有不可替代的作用。随着社会经济的快速发展和软硬件技术的不断创新，农业领域正经历一场深刻的变革。传统农业正逐步向高度机械化、自动化、精准化和智能化的现代农业转型。在这一转型过程中，农业数据成为核心要素，通过应用云计算、人工智能等现代信息技术，以及智能装备、机器人等先进装备，实现农业生产全流程的智能化决策与管理。

农业数据在农业生产过程中的重要性不言而喻。通过监控作物生长状态、土壤水分和养分、环境条件等数据，可以精准地调整田间管理措施，从而提升作物产量和品质。因此，农业相关专业的学生需要具备出色的数据统计分析能力，以便深入挖掘农业数据中潜在的规律和特征，为农业生产提供科学指导。

习近平总书记在党的二十大报告中指出，科技是第一生产力、人才是第一资源、创新是第一动力。实施科教兴国战略，强化现代化建设人才支撑。人才是引领行业发展的第一资源，而教材是人才培养的根本。

中国农业大学土地科学与技术学院开设的“R 语言与农业数据统计分析及建模”等课程，正是为了培养学生在农业数据统计和分析方面的专业技能，使学生能够熟练运用 R 语言解决农业生产中的实际问题。作为该类课程的配套教材，本书通过实例化讲解，逐步展示 R 语言在农业数据统计和分析中的应用，有效提升学生的学习效果。

本书内容丰富，共分为 7 章。第 1 章介绍统计学基础和 R 语言基础，包括统计学的基本概念、R 语言的获取与安装、农业数据统计分析的基础知识；第 2 章至第 5 章深入探讨了基于 R 语言的方差分析、回归分析、主成分分析和因子分析、聚类和判别分析等统计方法;第 6 章则聚焦于机器学习实战,涵盖了线性判别分析、决策树、随机森林、支持向量机、朴素贝叶斯等模型的 R 语言实现;第 7 章介绍了 R 语言在数字图像处理与分析中的应用,包括农业数字图像的基本概念、处理流程和分析应用实例。

由于本书涉及大量的 R 语言源程序编写和代码实现,内容覆盖面广,编写难度大,书中难免会有不足之处,敬请各位师生和读者提出宝贵意见,以便我们不断改进和完善教材内容。

编　者

2024 年 5 月

目录

第 1 章　R 语言概述

1.1　R 语言

R 语言是当今最为流行的统计分析语言和数据分析环境之一，是一种开源的统计分析软件，可用于数据可视化、数据分析、数据挖掘和机器学习等领域。R 语言提供了多种数据操作、统计分析和绘图函数，能够大大简化数据分析流程，使统计分析过程更加高效和准确。计算过程保留在对象中，可随时调用，同时拥有强大的绘图功能，可以非常方便地实现数据可视化。R 语言不仅统计分析功能突出，还具有丰富的统计软件包，这些包都是各个领域统计学家编写贡献的。R 语言提供了成千上万的专业模块和实用工具，是从数据中获取有用信息的绝佳方式。目前，R 语言在数据挖掘、机器学习、社交网络、生物信息、金融数据分析等领域应用广泛。R 语言在 2015 年就被 IEEE 列为十大语言之一，近几年依然占据数据分析语言的绝对优势地位。

1.2　R 语言的农业领域应用及发展

随着农业信息化程度的提高和数据量的增加，R 语言在农业领域的应用前景十分广阔，主要包括以下几个方面：

(1)农业统计分析　R 语言可用于农业监测数据的处理、分析和可视化，如种植面积、产量、质量等数据的分析与预测；

(2)农业气象学　R 语言在农业气象学方面的应用较为广泛，如利用气象病害模型对作物病害进行分析及预测、研究气象因子对作物生长的影响等；

(3)农业遥感　R 语言可用于处理和分析农业遥感数据，如卫星遥感数据、无人机航拍数据等，以便观察和监测作物的生长状态；

(4)农业生态学　R 语言可用于研究农业生态系统的结构和功能，如动植物群落组成、生态系统动态变化等；

(5)农业经济学　R语言在农业经济学中的应用也越来越广泛，如农业市场分析、农业补贴政策分析等。

1.3　统计学基本概念

统计学是应用数学的一个分支，利用概率论建立数学模型，通过搜集、整理、分析、描述数据等手段，以达到推断所预测对象的本质，甚至预测对象未来的一门综合性科学。统计学用到了大量的数学及其他学科的专业知识，其应用范围几乎覆盖了社会科学和自然科学的各个领域。试验数据的统计分析处理是科研工作的重要一环，它关系到信息是否充分利用、结论是否正确可靠。因此，掌握试验数据的统计分析处理方法是科研工作者的一项基本功。

1.3.1　总体与样本

(1)总体　总体是指所研究的全部个体的集合。总体可分为有限总体和无限总体。有限总体的范围是能够明确确定，且个体数量是有限可数的。无限总体的个体数量是无限的(图 1-1)。

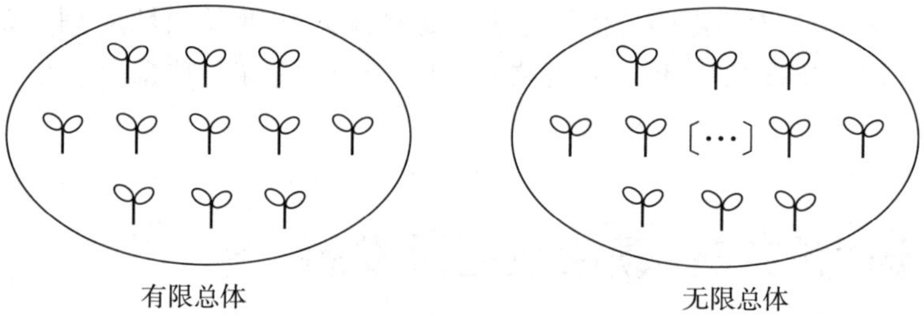

图 1-1　有限总体与无限总体示意图

统计总体的主要特征包括：同质性(共同的属性)、大量性(足够多的数量)和差异性(个体间有可变的品质或者数量标志)。

(2)样本　样本是指从总体中抽取的一部分个体的集合。构成样本的个体数量称为样本容量(图 1-2)。

(3)抽样　抽样是指从总体中按一定方法抽取部分个体的过程。抽样方式可分为概率抽样(随机抽样)和非概率抽样。

(4)概率抽样　概率抽样，也称随机抽样，是指按照随机原则进行的抽样，总体中的每个研究个体有一定机会被抽取。在等概率抽样过程中，总体的每个个体都具

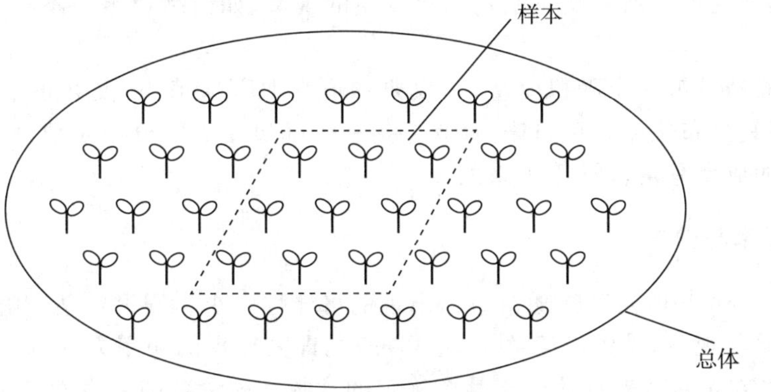

图 1-2　总体与样本的关系示意图

有相同的被抽取机会。例如，在大田研究小区中随机选取满足需求的作物构成样本。不等概率抽样过程中总体的每个个体具有不同的被抽取机会。例如，在大田研究小区中选择长势较好、株高相同的作物组成样本。

(5)随机分组　随机分组是指在抽样过程中被选中的个体会随机地分配至各分组。

1.3.2　差异与误差

差异是普遍存在的现象，即使是来自同质样本的总体，也是存在差异的。例如，我们在试验过程中往往能够发现同一指标在不同个体间、同一个体在不同时间、同一时间在不同测定方法间、同一方法在不同的重复间的测量值均存在一定差异，这表明差异具有现实意义的普遍性。

在试验过程中，这些差异通常以误差的形式存在。误差通常指试验过程中的某一指标的测量值与其真实值之差，是一个度量值，作为衡量数据精准程度的指标。误差通常分为 3 类，分别是系统误差、随机误差(抽样误差和重复测量误差)和过失误差。其中，系统误差和过失误差可以通过有效措施将其影响降至最低，而随机误差因具有随机性、不确定性和必然性，使其成为试验过程中影响测量结果精度的关键因素。因此，科研工作中，统计学设计的重要任务之一就是如何减少随机误差。

1.3.3　随机现象与随机变量

(1)确定现象　通常指必然会发生的现象，如在标准大气下将水加热到 100 ℃会沸腾。

(2)随机现象　通常指几种特定结果随机发生的现象，如投硬币，可能出现正面或反面。

(3)模糊现象　通常指不确定结果发生的现象,如情绪稳定与不稳定、健康与不健康。

要全面地了解一个随机变量,不仅要知道它取哪些值,还要知道取这些值的规律,即掌握其分布规律。反过来,如果知道一个随机变量的分布函数,则落入某个数值区间内的概率是可以计算出来的。

1.3.4 概率与分布

概率(probability)反映随机事件出现的可能性大小。假设对某一随机现象进行了 n 次试验与观察,其中 A 事件出现了 m 次,即其出现的频率为 m/n。经过大量反复试验,常有 m/n 越来越接近于某个确定的常数。该常数即为事件 A 出现的概率,常用 $P(A)$表示。

例如,进行抛硬币 100 次的试验,硬币正面出现的次数为 52 次,硬币反面出现的次数为 48 次,则硬币正面概率为 0.52,硬币反面概率为 0.48。如抛硬币次数为 10000 次或更多时,那么硬币正面和反面的出现概率都将接近于 0.5。

概率分布函数:描述随机变量取值分布规律的数学表示。常见的离散型随机变量分布模型有"0-1 分布"、二项式分布、泊松分布等;连续型随机变量分布模型有均匀分布、正态分布、卡方分布、t 分布、F 分布等。

1.3.5 自由度

参考《统计学》(贾俊平等)中关于自由度定义:"自由度是指一组数据中可以自由取值的个数。当样本数据的个数为 n 时,若样本平均数已确定,则附加给 n 个观测值的约束就是 1 个,因此只有 $n-1$ 个数据可以自由取值,其中必有一个数据不能自由取值"。统计学中,通常 df(自由度)$=n-k$,其中 n 为样本数量,k 为被限制的条件数、变量个数或计算某一统计量时用到其他独立统计量的个数。统计模型的自由度等于可自由取值的自变量的个数。

例如,一个样本包含 4 个数据($n=4$),样本平均值 $m=5$,即受到平均值条件的限制,样本中 3 个数据为 4、2、5,则第四个数据只能是 9,否则平均值 m 不等于 5。因此,自由度 df$=n-1=4-1=3$。

1.4 R 语言的获取与安装

1.4.1 统计软件的介绍

目前,应用比较广泛的统计软件包括 SAS(Statistical Analysis System)、SPSS

(Statistical Product and Service Solutions)、Eviews(Econnometrics Views)、MATLAB 和 EXCEL(Microsoft Office Excel)等。其中,SAS 是世界上最权威的统计软件,价格昂贵,支持编程,是统计学专业专用软件;SPSS 操作容易、输出漂亮、功能齐全、价格合理,是非统计学专业首选软件;EViews 软件具有强大的多元回归和时间序列分析功能,是计量经济学专业专用软件;MATLAB 是功能强大的编程软件,统计分析功能较少,是工程专业首选软件;EXCEL 具有简单的统计分析功能,是商务办公首选软件。但是,上述软件存在着价格昂贵、入门困难或功能相对简单的通病,R 语言完美地解决了以上问题。

1.4.2 R 语言安装

(1)在 CRAN 镜像网站 https://cran.r-project.org/mirrors.html 中选择适当的镜像网址进行下载(图 1-3)。

China

https://mirrors.tuna.tsinghua.edu.cn/CRAN/	TUNA Team, Tsinghua University
https://mirrors.bfsu.edu.cn/CRAN/	Beijing Foreign Studies University
https://mirrors.ustc.edu.cn/CRAN/	University of Science and Technology of China
https://mirror-hk.koddos.net/CRAN/	KoDDoS in Hong Kong
https://mirrors.e-ducation.cn/CRAN/	Elite Education
https://mirror.lzu.edu.cn/CRAN/	Lanzhou University Open Source Society
https://mirrors.nju.edu.cn/CRAN/	eScience Center, Nanjing University
https://mirrors.tongji.edu.cn/CRAN/	Tongji University
https://mirrors.sjtug.sjtu.edu.cn/cran/	Shanghai Jiao Tong University

图 1-3 R 语言下载部分中国网站的截图

(2)根据操作系统选择合适的版本进行下载,本书以 Windows 10 系统为例(图 1-4)。

Download and Install R

Precompiled binary distributions of the base system and contributed packages, **Windows and Mac** users most likely want one of these versions of R:

- Download R for Linux
- Download R for (Mac) OS X
- Download R for Windows

R is part of many Linux distributions, you should check with your Linux package management system in addition to the link above.

图 1-4 不同操作系统 R 语言版本选择

(3)选择 base,进入下一个界面(图 1-5)。

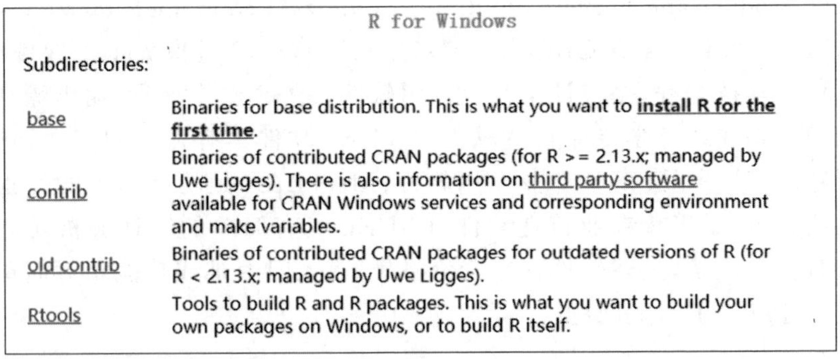

图 1-5　Windows 操作系统下 R 语言选择安装的截图

(4)选择 Download R 4.2.3 for Windows 安装包下载(图 1-6)。

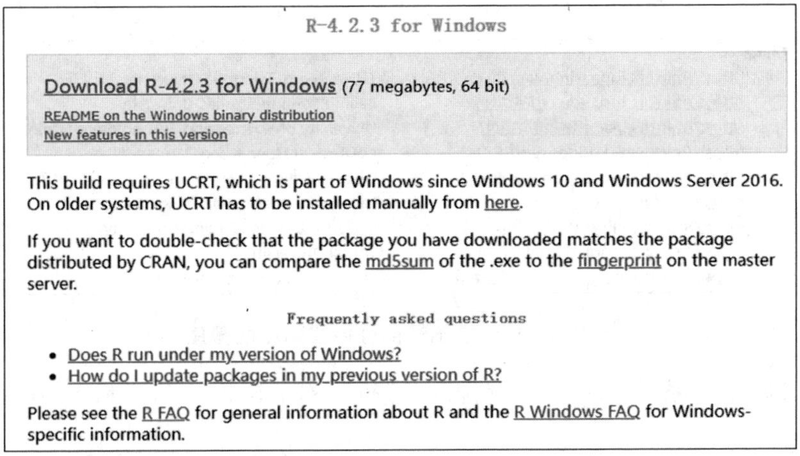

图 1-6　R 语言软件的下载界面

(5)选择已下载的安装包,右键选择“以管理员身份运行”(图 1-7)。

(6)选择确定,点击“下一步”(图 1-8)。

(7)按实际需求修改安装位置“d:/Program Files/R/R-4.2.3”(图 1-9)。

(8)按照系统默认选项即可,点击“下一步”(图 1-10)。

(9)不需要修改,点击“下一步”(图 1-11)。

(10)不需要修改,点击“下一步”。

(11)建议勾选“创建桌面跨界方式(D)”,点击“下一步”(图 1-12)。

(12)静待安装完成,点击“结束”,完成安装(图 1-13)。

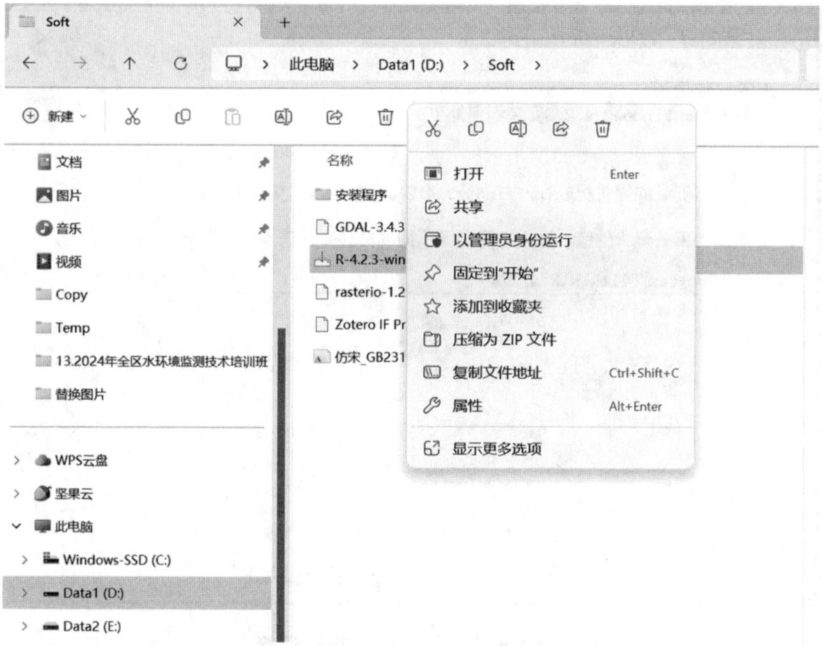

图 1-7　R 语言安装包的启动

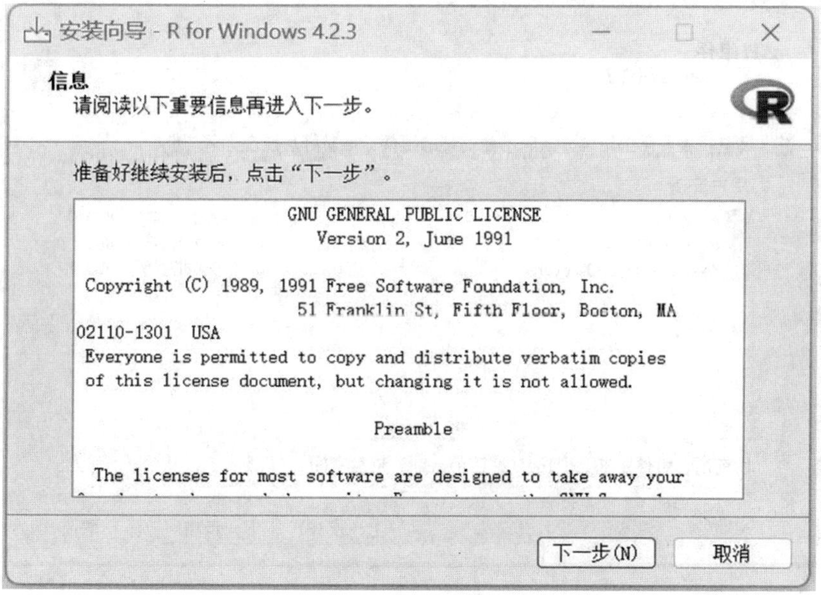

图 1-8　R 语言软件的安装

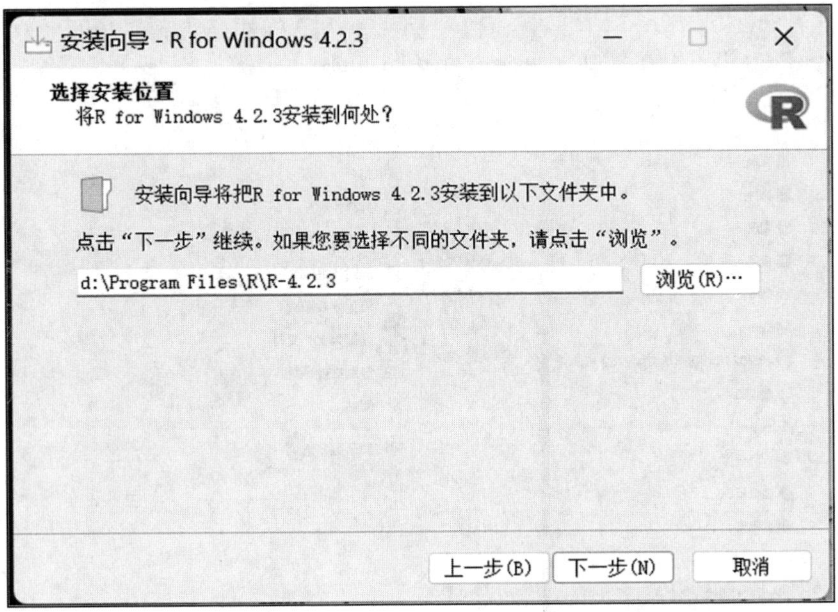

图 1-9　R 语言软件路径选择

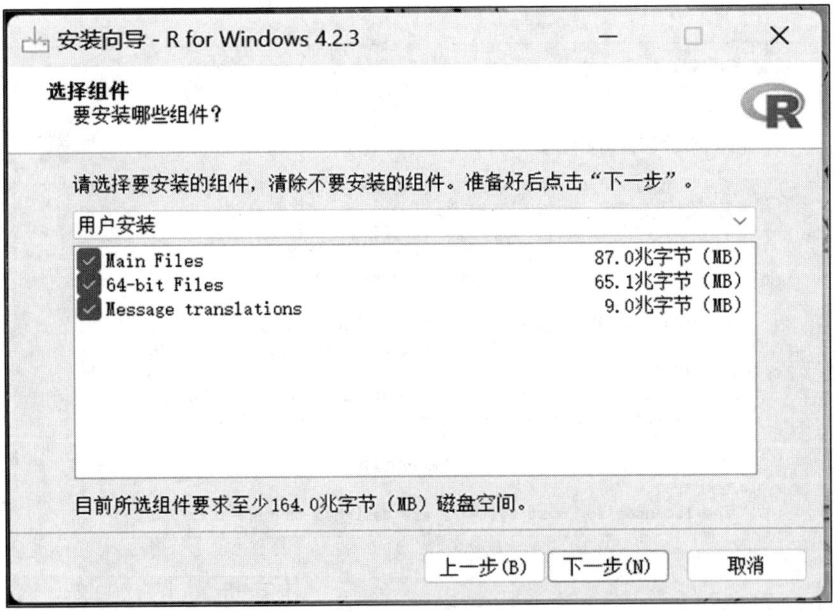

图 1-10　R 语言软件安装组件选择

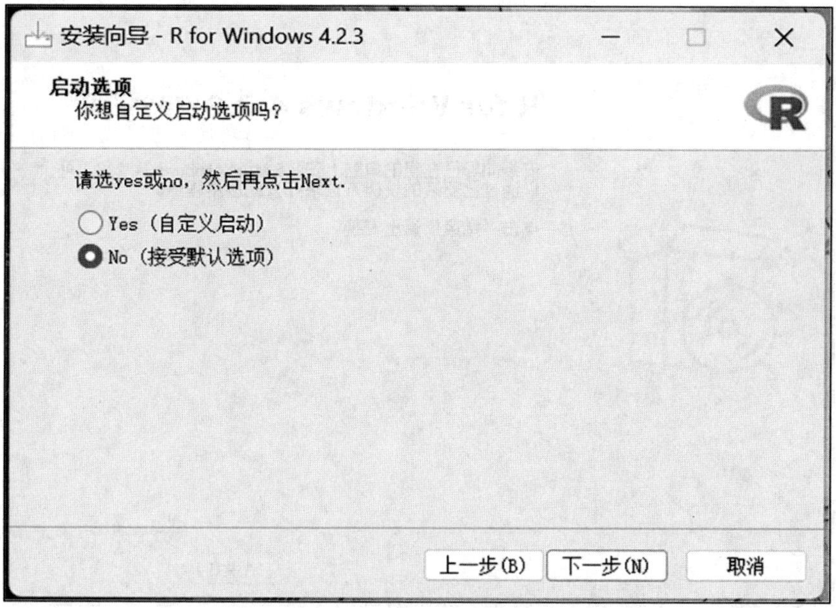

图 1-11　R 语言软件安装的启动选项选择

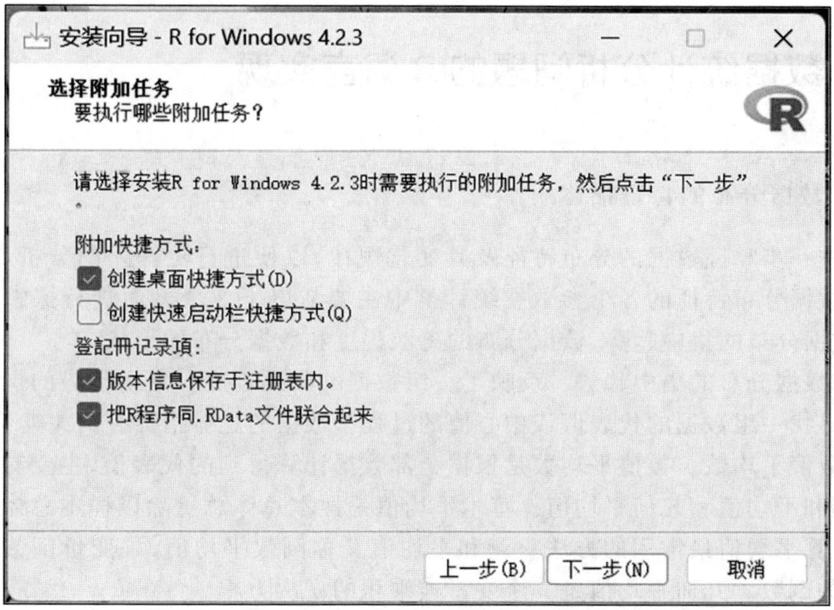

图 1-12　R 语言软件安装的附加任务选择

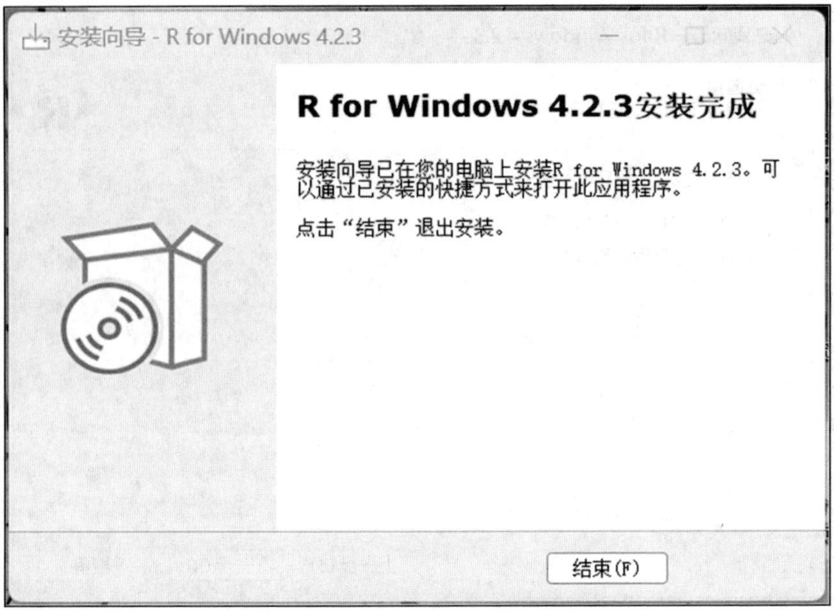

图 1-13　完成 R 语言软件安装

1.5 数据统计分析问题的 R 语言实现

1.5.1 数据分布的特征描述

为进一步掌握数据的分布特征及其变化规律，以便进行更深入的分析，还需找出反映数据分布特征的各个参数。统计学中主要从以下 3 个方面进行探索性数据分析：数据分布的集中趋势、数据分布的离散程度和数据分布的形状。

(1)数据分布的集中趋势　反映了一组数据的聚拢程度。集中趋势的探索性分析就是寻找一组数据的代表值或中心值的过程。数据的趋势指标有两大类：

①数值平均数。数值平均数是根据全部数据计算得到的代表值，主要有算数平均值、调和平均值和几何平均值。算术平均值是样本总体总量除以样本总体数量的商，是计算平均值最常用的方法。调和平均值又称倒数平均值，是变量倒数的算术平均值的倒数。几何平均值是 n 个变量连乘积的 n 次方根。

②位置代表值。根据数据所处位置直接观察，或者根据与特定位置有关的部分数据来确定的代表值，主要有众数和中位数。众数是指样本中出现次数最多或频率最大的变量。中位数是将样本总体按各个数值大小顺序排列，居于中间位置的数

值。具体代码应用如下：

```
> x<-c(88,78,67,99,67,77,88,99,100,85,76,86,87,89,88,87,88)
> #1.计算x的平均值
> mean(x)
[1] 85.23529
> #2.计算x的中位数
> median(x)
[1] 87
> #3.计算x的众数
> tmp<-table(x) #计算出x中每个值出现的次数
> index<-which.max(tmp) #找出最多次数的索引
> tmp[index] #输出对应的数据及次数
88
 4
```

(2)数据分布的离散程度　反映了各数据值远离中心位置的程度。衡量数值型数据离散程度的指标通常包括极差、方差、标准差、变异系数。

①极差。极差反映了一组数据的最大值与最小值之差。

②方差和标准差。方差是各变量值与均值的差的平方和的平均数，称为样本方差。标准差是方差的算术平方根。

③变异系数。变异系数是标准差与算术平均值的商。

具体代码应用如下：

```
> x<-c(88,78,67,99,67,77,88,99,100,85,76,86,87,89,88,87,88)
> #1.极差
> max(x)-min(x)
[1] 33
> #2.方差与标准差
> var(x) #方差
[1] 94.94118
> sd(x) #标准差
[1] 9.743776
> #3.离散系数
> sd(x)/mean(x)
[1] 0.1143162
```

(3)数据分布的形状　反映了数据分布的形状是否对称以及倾斜程度等，通过偏度(skewness)和峰度(kurtosis)2 个指标进行表征。

①偏度。偏度表征数据分布对称性，反映数据分布的倾斜方向和程度。偏度是样本数据的三阶标准化矩，定义如下：

$$\mathrm{Skew}(X)=E\left[\left(\frac{X-\mu}{\sigma}\right)^3\right]=\frac{\mu_3}{\sigma^3}=\frac{E[(X-\mu)^3]}{(E[X-\mu^2])^{3/2}}$$

一个容量为 n 的数据，典型的偏度计算方法如下：

$$G1=\frac{\frac{1}{n}\sum_{i=1}^{n}(x_i-\bar{x})^3}{\left[\frac{1}{n-1}\sum_{i=1}^{n}(x_i-\bar{x})^2\right]^{3/2}}$$

式中：$\bar{x}$ 为样本均值。

当偏度=0 时，即为正态分布。当偏度＞0 时，为右偏分布，也称正偏分布。当偏度＜0 时，为左偏分布，也称负偏分布（图 1-14）。

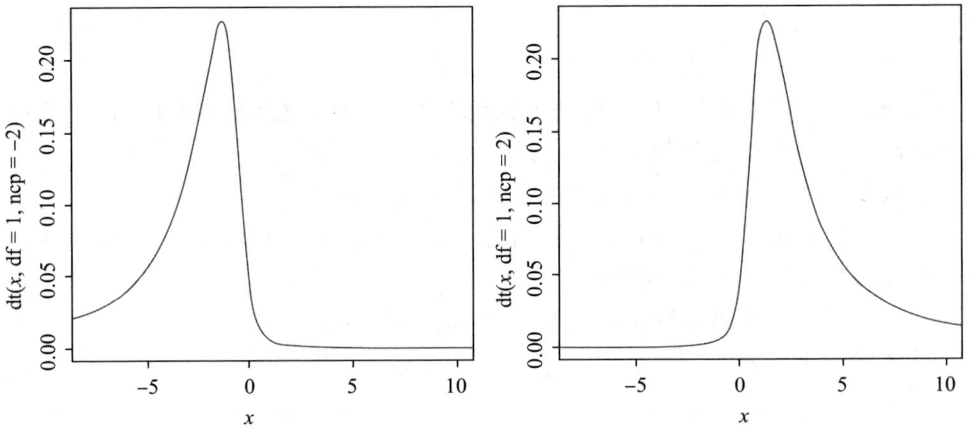

图 1-14　左偏分布(左)和右偏分布(右)示意图

②峰度。又称峰态系数，表征数据分布峰的高低及尖锐程度，通过反映概率密度分布曲线在平均值处峰值高低的特征数。峰度是用离差四次方的平均数再除以标准差的四次方，其定义如下：

$$\mathrm{Kurt}(X)=E\left[\left(\frac{X-\mu}{\sigma}\right)^4\right]=\frac{\mu^4}{\sigma^4}=\frac{E[(X-\mu)^4]}{(E[(X-\mu)^2])^2}$$

样本的峰度计算公式如下：

$$G2=\frac{\frac{1}{n}\sum_{i=1}^{n}(x_i-\bar{x})^4}{\left(\frac{1}{n}\sum_{i=1}^{n}(x_i-\bar{x})^2\right)^2}-3$$

式中：$\bar{x}$ 为样本均值。

峰度通常是与标准正态分布相匹配的，如果峰度为 3，则与正态分布相同。峰度＞3，则比正态分布陡峭。峰度＜3，则比正态分布平坦（图 1-15）。

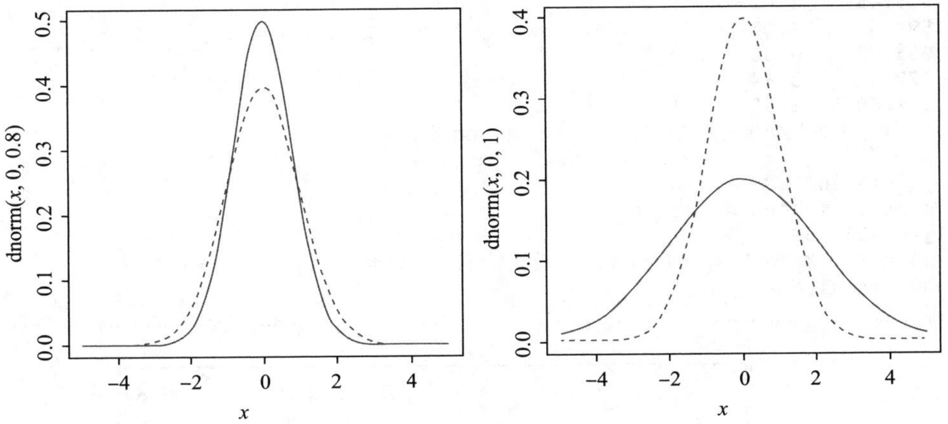

图 1-15 尖峰分布(左)和平峰分布(右)

1.5.2 数据的相关性分析

相关分析是分析 2 个变量间相互关系的分析方法,一般用在探索性数据分析阶段。通常采用相关系数表征两组变量之间的相关程度,相关系数一般为−1～1。相关系数越接近于 0,表明两组数据之间的相关性越弱。越接近于 1,表明两组数据之间相关性越强。通常认为,|相关系数|≥0.8 时,呈高度相关;0.5≤|相关系数|<0.8 时,呈中度相关;0.3≤|相关系数|<0.5 时,呈低度相关;|相关系数|<0.3 时,两组数据不相关。常用的相关系数包括 Pearson 相关系数、Spearman 秩相关系数、Kendall 秩相关系数。

(1)Pearson 相关系数,数据符合正态分布。

(2)Spearman 秩相关系数,不服从正态分布,总体分布类型未知。

(3)Kendall 秩相关系数(两样本秩的相似性),$x_i>x_j$,$y_i>y_j$,称这对观测值是协同的(concordant);$x_i>x_j$,$y_i<y_j$,或者反之,则称观测值是非协同的(discordant)。

cov( )和 cor( )用于计算两组数据的协方差和相关系数。cor. test( )用于检验两组数据是否相关。

以 LA_biomass. CSV 文件中叶面积和生物量数据为例,分析叶面积和生物量的相关性(图 1-16)。具体代码如下:

```
> #1.读入LA_biomass.CSV中数据
> df<-read.csv("LA_biomass.CSV")
> head(df)
      LA biomass
1 493.84    3.20
```

```
2 505.45    4.01
3 594.57    4.06
4 953.78    6.86
5 472.02    2.84
6 247.00    1.55
> #2.分析叶面积和生物量的相关性，计算Pearson相关系数
> x<-df$LA
> y<-df$biomass
> cor(x,y,method = 'pearson')
[1] 0.9264763
> plot(x,y,main="LA和BIOMASS的相关性分析",xlab="LA",y
lab="biomass")
```

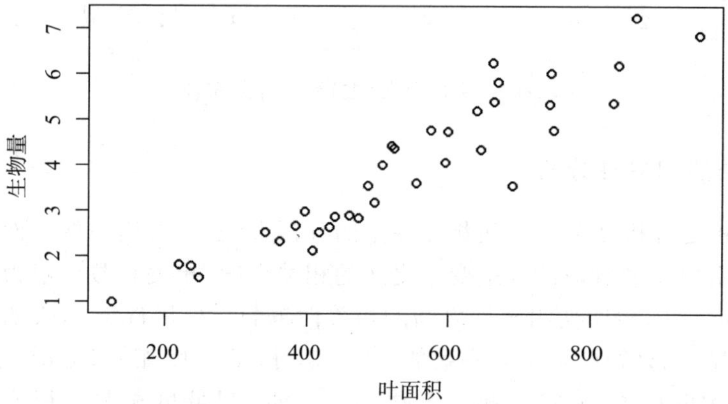

图 1-16　叶面积与生物量的相关性分析结果图

1.5.3　概率与抽样分析

R 语言中内置了多个概率分布函数，详见表 1-1。

表 1-1　常用概率分布函数列表

序号	分布名称	参数表示(默认值)	R 函数名	程序包
1	多项分布	$multinom(n, p_1, \cdots, p_k)$	_multinom	Stats
2	正态分布	$N(\mu, \sigma^2)(\mu=0, \sigma^2=1)$	_norm	Stats
3	二项分布	$B(n, p)$	_binom	Stats
4	卡方分布	$\chi^2(n, \mu)$	_chisq	Stats
5	F 分布	$f(n, m, \mu)$	_f	Stats
6	贝塔分布	$Be(a, b)$	_beta	Stats
7	几何分布	geom(p)	_geom	Stats
8	柯西分布	$cauchy(a, b)(a=0, b=1)$	_cauchy	Stats

续表 1-1

序号	分布名称	参数表示(默认值)	R 函数名	程序包
9	Logistic 分布	$logis(a,b)(a=0,b=1)$	_logis	Stats
10	指数分布	$\exp(\lambda)$	_exp	Stats
11	t 分布	$t(n)$	_t	Stats
12	伽马分布	$Ga(\alpha,\lambda)(\lambda=1)$	_gamma	Stats
13	超几何分布	$hyper(m,n,k)$	_hyper	Stats
14	Dirichlet 分布	$dirichlet(\alpha_1,\alpha_2,\cdots,\alpha_k)$	_dirichlet	MCMCpack
15	负二项分布	$nbinom(k,p)$	_nbinom	Stats
16	对数正态分布	$\ln(\mu,\sigma^2)(\mu=0,\sigma^2=1)$	_lnorm	Stats
17	均匀分布	$U(a,b)(a=0,b=1)$	_unif	Stats
18	逆伽玛分布	$IGa(\alpha,\lambda)$	_invgamma	MCMCpack
19	威布尔分布	$weibull(a,b)$	_weibull	Stats
20	泊松分布	$pois(\lambda)$	_pois	Stats
21	Wilcoxon 统计量	$wilcox(m,n)$	_wilcox	Stats

【例 1.1】 画出−3 到 3 的标准正态分布的密度函数。在 R 中 dnorm( )为正态分布密度函数。代码及输出图(图 1-17)如下：

```
> x<-seq(-3,3,0.01)
> plot(x,dnorm(x),type='l')
```

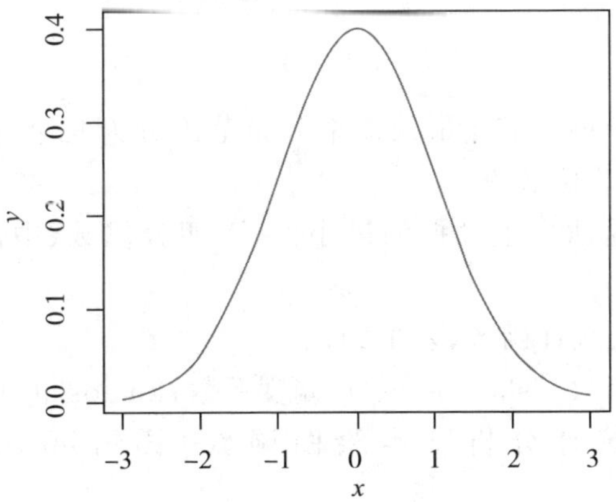

图 1-17 标准正态分布曲线图

【例 1.2】 产生 500 个(0,1)上均匀分布的随机数,并画出散点图。R 中 runif( )为均匀分布的随机数函数,代码及输出图(图 1-18)如下：

```
> r<-runif(500)
> plot(r)
```

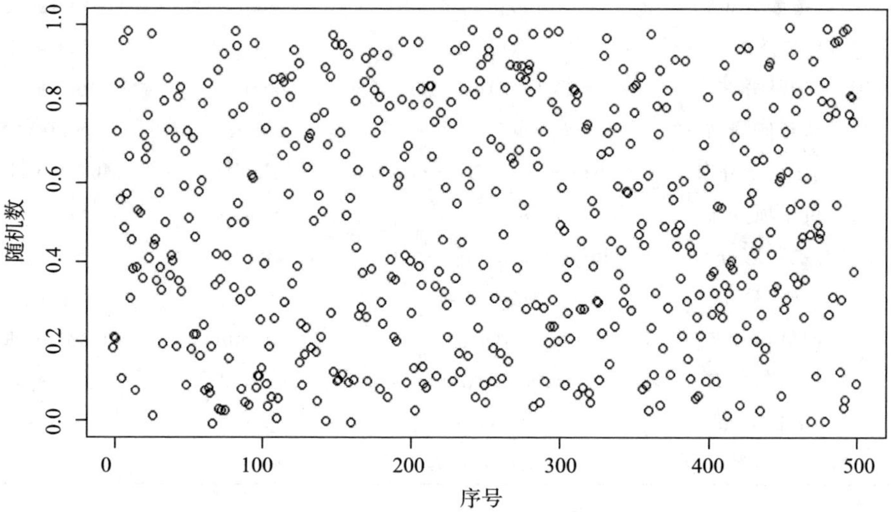

图 1-18 产生 500 个(0,1)上均匀分布的随机数结果图

1.6 本章小结与习题

1.6.1 本章小结

(1)分位数　是指将随机变量的概率分布范围分为几个等份的数值点，常用二分位数、四分位数、百分位数等。

(2)五数概况　返回一组数据的最小值、下四分位数、中位数、上四分位数、最大值。

(3)R 语言中常用统计函数(表 1-2)。

(4)偏度和峰度函数　skewness( )：偏度系数；kurtosis( )：峰度系数。

(5) R 语言中统计分析基本绘图函数(详情可参阅 https://ggplot2.tidyverse.org/)

表 1-2　R 语言常用统计函数

序号	函数名	参数表征	序号	函数名	参数表征
1	mean( )	平均值	6	min( )	最小值
2	median( )	中位数	7	max( )	最大值
3	sd( )	标准差	8	range( )	值域
4	var( )	方差	9	summary( )	最小值、下四分位数、中位数等
5	sum( )	求和			

语法：plot(x，y=NULL，type="p"，xlim=NULL，ylim=NULL，log=""，main=NULL，sub=NULL，xlab=NULL，ylab=NULL，ann=par("ann")，axes=TRUE，frame. plot=axes，panel. first=NULL，panel. last=NULL，asp=NA，…)

主要参数的含义如下：

①type 为一个字符的字符串，用于给定绘图的类型，可选的值如下："p"：绘点(默认值)，"l"：绘制线，"b"：同时绘制点和线，"c"：仅绘制参数"b"所示的线，"o"：同时绘制点和线，"h"：直方图。

②main 参数字符串，给出图形的标题。

③sub 参数字符串，给出图形的子标题。

④xlab 和 ylab 参数字符串，用于给出 x 轴和 y 轴的标签。

⑤xlim 和 ylim 参数都是二维向量，分别表示 x 轴和 y 轴的取值范围。

1.6.2　习题

【练习 1】 计算下表中 3 列数据的基本统计量、偏度、峰度，然后用 plot 画图。

表 1-3　作物数据表

序号	作物高度	冠层顶宽	冠层下宽
1	10.37	5.57	7.8
2	11.15	2.68	2.46
3	10.82	8.3	2.27
4	10.82	5.56	1.58
5	9.57	6.07	5.7
6	10.89	3.84	9.55
7	10.87	7.7	5.75

续表 1-3

序号	作物高度	冠层顶宽	冠层下宽
8	9.73	4.4	7.39
9	7.86	4.61	4.22
10	12.84	3.7	4.24
11	15.03	9.06	11.47
12	15.05	10.53	11.97
13	14.33	8.43	14.36
14	10.41	4.62	7.37
15	14.38	7.3	10.58
16	16.79	9.17	14.09
17	13.76	6.91	13.61
18	14.48	9.01	16.93
19	17.73	11.2	6.22
20	13.53	1.71	5.21

第2章　方差分析实战

2.1　方差分析基本概念

方差分析(analysis of variance,ANOVA)用于检验两个或两个以上样本均值是否存在差异的显著性检验,通常用于判断自变量对因变量是否有显著影响。该方法由英国统计学家 Ronald Fisher 首先提出,并以 F 命名其统计量,故方差分析也称为 F 检验。

在农业领域中,方差分析是研究一种或多种因素的变化对试验结果的观测值是否具有显著性影响的方法,例如种子、肥料、土壤、水分以及气象等因素对农作物产量的影响。通过试验数据分析结果识别出对试验结果影响的主要因素,这是方差分析所要解决的主要问题。

2.1.1　方差分析的基本假设

方差分析中的 3 个基本假设:

(1)样本数据独立。

(2)每组数据的总体服从正态分布。

(3)每组数据方差齐性:①方差齐性检验。②离群点检验。

需要对数据进行正态分布检验,常使用 2 种方法:①使用 Shapiro Wilk 正态检验方法来检验样本是否符合正态分布。②使用 Q-Q 图来检验正态性。

方差的齐次性检验通常采用:①Bartlett 检验,适用于数据服从正态分布;而当数据非正态时则容易导致假阳性。②Levene 检验,在非正态数据表现较为稳健,对正态不敏感。③Fligner-Killeen 检验,非参数检验,完全不依赖已知分布。

由于方差分析对离群点很敏感,所以需要对数据检测是否有离群点,常用的也比较好用的是以图形展示,如箱线图、散点图等形式。①mvoutlier 包的 aq. plot( )作图。②car 包的 outlierTest( )检测。

2.1.2 方差分析的检验过程

(1)建立假设。

原假设 H_0:均数相等 $\mu_1=\mu_2=\mu_3$ 自变量对因变量没有显著影响;

备择假设 H_1:总体均数不全相等 自变量对因变量有显著影响。

(2)确定显著性水平。用 α 表示,常取 0.05。

(3)计算统计量 F。当 H_0 假设为真时,组间方差(MSA)和组内方差(MSE)的比值服从分子自由度为 $k-1$,分母自由度为 $n-k$ 的 F 分布。

$$F=\frac{\text{MSA}}{\text{MSE}}\sim F(k-1,n-k)$$

(4)计算 F 的概率值 P。P 与 α 的大小进行比较。

(5)做出推论。

当 $P<\alpha$ 时,拒绝 H_0 假设,组间差异显著;

当 $P>\alpha$ 时,没有足够的证据拒绝 H_0,组间差异不显著。

2.2 R语言中方差分析模型拟合

2.2.1 aov( )函数

aov( )函数的语法为:aov(formula, data=dataframe)。formula 可以使用表2-1中特殊符号,其中 y 为因变量,A、B、C 为自变量;dataframe 为待分析数据。

表 2-1 R 表达式中的特殊符号

符号	用法
~	符号、左边为响应变量,右边为解释变量,例如用 A、B 和 C 预测 y,公式表示为 $y\sim A+B+C$
:	表示变量间交互项,例如用 A、B 和 A 与 B 的交互项来预测 y,代码为 $y\sim A+B+A:B$
+	分隔多个解释变量
.	表示包含除因变量外的所有变量,例如若一个数据框包含变量 y、A、B 和 C,代码 y ~. 可展开为 $y\sim A+B+C$

续表 2-1

符号	用法
*	表示所有可能交互项，代码 $y \sim A*B*C$ 可展开为 $y \sim A+B+C+A:B+A:C+B:C+A:B:C$
^	表示交互项达到某个次数。代码 $y \sim (A+B+C)$^2 可展开为 $y \sim A+B+C+A:B+A:C+B:C$

常用的方差设计表达式如表 2-2 所示，其中小写字母表示定量变量，大写字母表示组别因子，Subject 表示标识变量。

表 2-2 常用方差设计表达式

设计	表达式
单因素方差分析	$y \sim A$
双因素方差分析	$y \sim A*B$
单个协变量的单因素方差分析	$y \sim x+A$
单因素组内方差分析	$y \sim A+$Error(Subject/A)
两个协变量的双因素方差分析	$y \sim x_1+x_2+A*B$
随机化区组	$y \sim B+A$（B 是区组因子）
含单个组内因子和单个组间因子的重复测量方差分析	$y \sim B*W+$Error(Subject/W)

2.2.2 表达式中各项的顺序

非平衡设计或存在协变量时，效应项的顺序对结果影响较大。越基础的效应越要放在表达式前面，首先是协变量，然后是主效应，接着是双因素的交互项，再接着是三因素的交互项，以此类推。

例如：对于模型 $y \sim A+B+A:B$，R 中的 ANOVA 表的结果将评价：

➢ A 对 y 的影响；

➢控制 A 时，B 对 y 的影响；

➢控制 A 和 B 的主效应时，A 与 B 的交互效应对 y 的影响。

2.3 方差分析

方差分析实操均以甜菜根数据为例，数据一共 6 列，分别为 group（分组）、biomass（生物量）、row（甜菜根轴宽）、acros（甜菜根轴长）、seed（品种）、fert（施肥处理）。利用 summary（ ）概览数据，其中 group、seed 和 fert 均为文本型数据，biomass、row 和 acros 均为数值型数据，并给出了数值型数据的最小值、第一四分位数、中位数、平均值、第三四分位数和最大值。

```
> df<-read.csv("beetroot_data.csv",header = TRUE)
> summary(df)
    group               biomass             row              acros      
 Length:40          Min.   :0.5700   Min.   : 9.00   Min.   : 9.51  
 Class :character   1st Qu.:0.9625   1st Qu.:10.33   1st Qu.:11.15  
 Mode  :character   Median :1.2950   Median :11.89   Median :12.02  
                    Mean   :1.3722   Mean   :12.07   Mean   :12.69  
                    3rd Qu.:1.8000   3rd Qu.:13.51   3rd Qu.:14.25  
                    Max.   :3.0300   Max.   :16.53   Max.   :19.95  
     seed               fert          
 Length:40          Length:40         
 Class :character   Class :character  
 Mode  :character   Mode  :character  
```

2.3.1 单因素方差分析

单因素方差分析是指对单因素试验结果进行分析，检验因素对试验结果有无显著性影响的方法。单因素方差分析是用来检验多个平均数之间的差异，从而确定因素对试验结果有无显著性影响的一种方法。对于完全随机设计试验且水平数大于 2 时可以用单因素方差分析。例如，不同品种对同一个农作物产量的影响。

【例 2.1】 表 2-3 是 4 个不同处理的甜菜根数据，每个处理 10 个重复，使用单因素方差分析检验不同处理对甜菜根生物量有无显著性影响。

表 2-3 不同处理甜菜根生物量情况

不同重复	不同处理			
	A	B	C	D
1	1.80	1.53	1.15	2.04
2	2.13	0.57	1.48	1.30
3	3.03	0.67	0.67	1.86
4	1.22	1.40	0.74	1.12
5	1.80	0.67	0.97	0.87

续表 2-3

不同重复	不同处理			
	A	B	C	D
6	1.29	0.97	0.81	1.62
7	2.54	1.05	0.69	1.62
8	1.50	1.00	1.32	1.13
9	2.09	1.98	0.89	1.10
10	1.90	1.57	0.94	1.86

1)数据引入

本次以不同处理与甜菜根生物量作为分析数据,采用单因素方差分析方法。首先将数据导入,使用 group 和 biomass 2 列数据进行单因素方差分析。

2)假设检验

(1)独立性检验　由于随机抽取,假设总体满足独立性。

(2)正态性检验　使用 *W* 检验(Shapiro-Wilk 正态检验,只适用于小样本场合,样本量 3~50)确定数据是否符合正态分布。

➢原假设 H_0:样本数据与正态分布没有显著区别;

➢备择假设 H_1:样本数据与正态分布存在显著区别。

R 语言中 *W* 检验函数格式为 shapiro.test( ),当 *P* 值大于 0.05 时,接受原假设。

```
> shapiro.test(df[which(df[,1]=="A"),]$biomass)

        Shapiro-Wilk normality test

data:  df[which(df[, 1] == "A"), ]$biomass
W = 0.9487, p-value = 0.6531

> shapiro.test(df[which(df[,1]=="B"),]$biomass)

        Shapiro-Wilk normality test

data:  df[which(df[, 1] == "B"), ]$biomass
W = 0.93445, p-value = 0.4931

> shapiro.test(df[which(df[,1]=="C"),]$biomass)

        Shapiro-Wilk normality test

data:  df[which(df[, 1] == "C"), ]$biomass
W = 0.91285, p-value = 0.3011

> shapiro.test(df[which(df[,1]=="D"),]$biomass)

        Shapiro-Wilk normality test

data:  df[which(df[, 1] == "D"), ]$biomass
W = 0.92638, p-value = 0.4132
```

不同处理的甜菜根生物量数据 P 值均大于 0.05，不同处理数据通过正态检验。

(3)方差齐次性检验　方差齐次性采用 bartlett 检验。

- H_0：各因子水平下的方差相同；
- H_1：各因子水平下的方差不同。

R 语言中 bartlett 检验函数格式为 bartlett. test(x,g…)，当 P 值大于 0.05 时，接受原假设，方差齐次性符合，可以使用方差分析。

```
> bartlett.test(biomass~group,data = df)

        Bartlett test of homogeneity of variances

data:  biomass by group
Bartlett's K-squared = 4.2324, df = 3, p-value = 0.2374
```

bartlett 检验结果 P 值大于 0.05，通过齐次性检验。

方差齐次性检验对离群点非常敏感，因此在进行方差分析时须先用 outlierTest( ) 进行离群点检验。使用 outlierTest( )函数时，须先安装 car 和 carData 包，安装方法如下：

- Install. packages('car')
- Install. packages('carData')

离群点检验步骤：

- library(car)
- outlierTest (aov (biomass～group , data = df))

检验结果如下：

```
> library(car)
> outlierTest(aov(biomass~group,data=df))
No Studentized residuals with Bonferroni p < 0.05
Largest |rstudent|:
  rstudent unadjusted p-value Bonferroni p
3 2.931968          0.0059021      0.23608
```

结果表明，没有证据表明数据中含有离群点，因此采用方差分析是可信的。

3)方差分析

方差分析的假设条件如下：

- H_0：不同处理的甜菜根生物量没有显著差异；
- H_1：不同处理的甜菜根生物量存在显著差异。

方差分析的代码如下：

```
> df$group<-factor(df$group)
> summary(aov(biomass~group,data = df))
            Df Sum Sq Mean Sq F value   Pr(>F)
group        3  5.360  1.7865   9.433 9.78e-05 ***
Residuals   36  6.818  0.1894
---
Signif. codes:  0 '***' 0.001 '**' 0.01 '*' 0.05 '.' 0.1 ' ' 1
> boxplot(biomass~group,data = df)
```

上述分析结果中 P 值为 0.0000978，小于 0.05，拒绝原假设，说明不同处理的甜菜根生物量存在显著差异。不同处理甜菜根生物量对比见图 2-1。

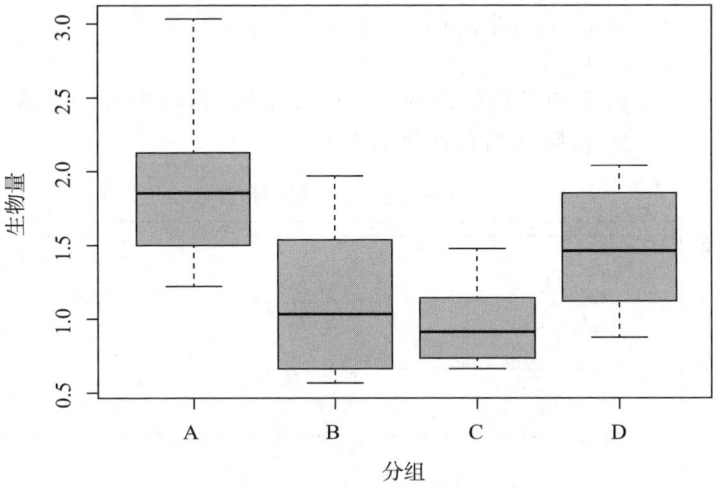

图 2-1 不同处理甜菜根生物量对比图

4)多重比较

在方差分析中，如果 F 检验的结论是拒绝 H_0，则认为因素的不同水平效应存在显著差异，但这并不意味着所有因素水平均值间均存在差异。因此，还需对不同因素水平两两进行比较。R 语言中，利用 TukeyHSD( ) 函数对各组均值差异进行成对检验。

TukeyHSD( ) 函数格式为 TukeyHSD(aov(因变量～因素水平，data＝数据)，ordered＝F)。根据分析结果，进行 P 值调整后，A 处理和 B 处理、A 处理和 C 处理间有显著差异，其他处理间差异不显著。

```
> TukeyHSD(aov(biomass~group,data = df),ordered = F)
  Tukey multiple comparisons of means
    95% family-wise confidence level

Fit: aov(formula = biomass ~ group, data = df)

$group
      diff         lwr         upr     p adj
B-A -0.789 -1.31317278 -0.26482722 0.0014106
C-A -0.964 -1.48817278 -0.43982722 0.0000988
D-A -0.478 -1.00217278  0.04617278 0.0845678
C-B -0.175 -0.69917278  0.34917278 0.8053010
D-B  0.311 -0.21317278  0.83517278 0.3925567
D-C  0.486 -0.03817278  1.01017278 0.0774170

> plot(TukeyHSD(aov(biomass~group,data = df)))
```

图 2-2 中,水平线绘制了均值两两比较的置信区间,如果区间包含零点,则认为该组均值差异不显著,否则认为存在显著差异。

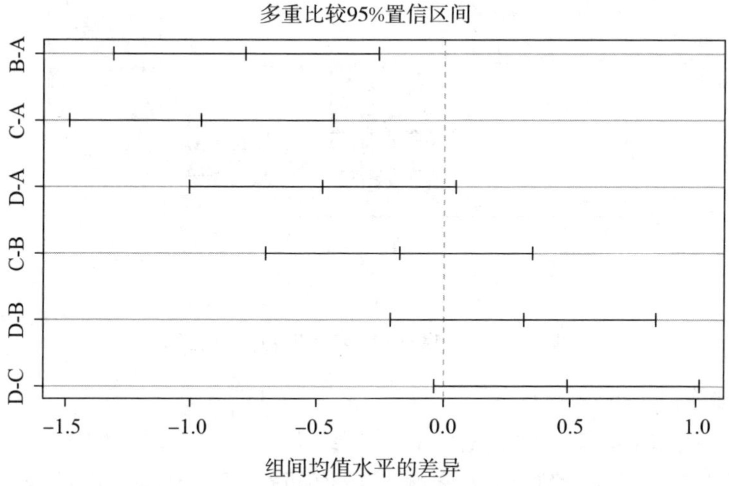

图 2-2　不同处理甜菜根生物量多重比较结果图

R 语言扩展包 multcomp 中的 glht( )函数提供了多重均值的另一种图形展示方法,代码如下:

```
> library(multcomp)
> tuk<-glht(aov(biomass~group,data = df),linfct = mcp(group="Tukey"))
> plot(cld(tuk,level = 0.05),col="lightgrey")
```

如图 2-3 所示,有相同字母的组均值差异不显著,因此 A 处理与 B 处理、A 处理与 C 处理间有显著差异。

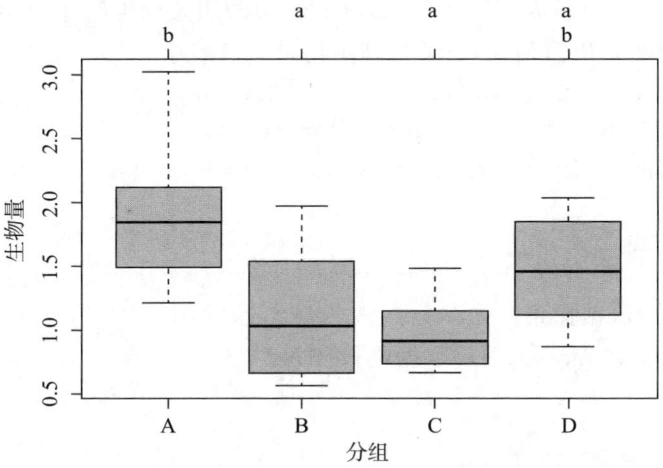

图 2-3　不同处理甜菜根生物量对比及显著性差异图

2.3.2　协方差分析

协方差分析(analysis of covariance,ANCOVA)是将线性回归分析与方差分析结合起来的一种统计分析方法,其实质就是从 Y 的综合平方和中扣除 X 对 Y 的回归平方和,对残差平方和做进一步分解后再进行方差分析。协方差分析模型中方差分析是主要的,基本目的是做方差分析,而回归分析仅仅是因为回归变量(协变量)不能完全控制而引入的。协方差分析方法主要用于消除不可控因素的影响后比较 2 组或者多组均值间的差别。

以甜菜根数据为例,甜菜数据有 4 组不同处理(group),group 为自变量,甜菜根生物量(biomass)为因变量,将甜菜根轴宽(row)作为协变量。

1)数据引入及数据集概览

通过 summary( )函数获得数据概述,如下所示,数据集包含 6 组数据,其中 group、seed、fert 为文本类型数据,row、biomass、acros 为数值型数据。

```
> df<-read.csv("beetroot_data.csv",header = TRUE)
> summary(df)
    group               biomass            row              acros
 Length:40          Min.   :0.5700   Min.   : 9.00   Min.   : 9.51
 Class :character   1st Qu.:0.9625   1st Qu.:10.33   1st Qu.:11.15
 Mode  :character   Median :1.2950   Median :11.89   Median :12.02
                    Mean   :1.3722   Mean   :12.07   Mean   :12.69
                    3rd Qu.:1.8000   3rd Qu.:13.51   3rd Qu.:14.25
                    Max.   :3.0300   Max.   :16.53   Max.   :19.95
     seed               fert
 Length:40          Length:40
 Class :character   Class :character
 Mode  :character   Mode  :character
```

利用 aggreate( )函数获得不同处理(group)的甜菜根生物量(biomass),如下所示,A 组处理生物量均值最高,C 组处理生物量均值最小。

```
> aggregate(df$biomass,by=list(df$group),FUN=mean)
  Group.1     x
1       A 1.930
2       B 1.141
3       C 0.966
4       D 1.452
```

2)ancova( )数据探索

利用 HH 包中 ancova( )对数据进行探索。

```
> library(HH)
> df$group<-factor(df$group)
> ancova(biomass~row+group,data=df)
Analysis of Variance Table

Response: biomass
          Df Sum Sq Mean Sq  F value    Pr(>F)    
row        1 9.3355  9.3355 160.3209 1.26e-14 ***
group      3 0.8044  0.2681   4.6046 0.008089 ** 
Residuals 35 2.0380  0.0582                      
---
Signif. codes:  0 '***' 0.001 '**' 0.01 '*' 0.05 '.' 0.1 ' ' 1
```

由图 2-4 可知,用甜菜根轴宽(row)来预测甜菜根生物量(biomass)的回归线相互平行。随着根轴宽的增加,甜菜根生物量也会增加;还可以看到不同处理(group)

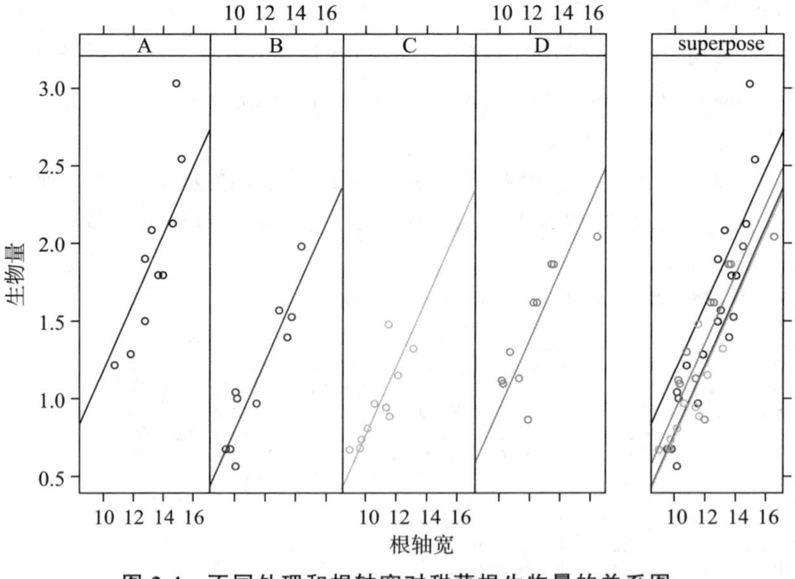

图 2-4　不同处理和根轴宽对甜菜根生物量的关系图

和甜菜根生物量(biomass)间的关系,A 处理截距最大,C 处理截距最小。分析结果表明,甜菜根轴宽与甜菜根生物量相关。控制甜菜根轴宽的影响,不同处理与甜菜根生物量也相关。

3)单因素协方差分析

为了看协变量对组均值的影响,可以计算去除协变量效应后的组均值,可使用 effects 包中的 effects( )函数来计算调整的均值。

```
> library(effects)
> effect("group",aov(biomass~row+group,data=df))

 group effect
group
       A        B        C        D
1.632475 1.240026 1.228258 1.388241
```

根据计算结果,不同处理甜菜根生物量均值均进行了调整,其中 A 处理甜菜根生物量均值由 1.930 调整为 1.632475;B 处理甜菜根生物量均值由 1.141 调整为 1.240026;C 处理甜菜根生物量均值由 0.966 调整为 1.228258;D 处理甜菜根生物量均值由 1.452 调整为 1.388241。

4)评估检验假设条件

与单因素方差分析一样,单因素协方差分析也需进行正态性检验和同方差性检验,可采用与单因素方差分析相同方法进行相应检验。此外,当包含交互项时,单因素协方差分析还需进行回归斜率同质性检验,回归斜率同质性检验代码为 summary[aov(因变量～因素 1 * 因素 2,data＝数据)]。

```
> summary(aov(biomass~row*group,data=df))
            Df Sum Sq Mean Sq F value   Pr(>F)    
row          1  9.335   9.335 176.241 1.46e-14 ***
group        3  0.804   0.268   5.062  0.00555 ** 
row:group    3  0.343   0.114   2.158  0.11226    
Residuals   32  1.695   0.053                     
---
Signif. codes:  0 '***' 0.001 '**' 0.01 '*' 0.05 '.' 0.1 ' ' 1
```

分析结果表明,交互项效应不明显,支持了斜率相等的假设。

若假设不成立,可以尝试变换协变量或因变量,或使用能对每个斜率独立解释的模型,或使用非参协方差分析函数(不需要假设回归斜率同质性),如 sm 包的 sm.ancova( )函数。

2.3.3　双因素方差分析

双因素方差分析仍需满足:数据独立、正态性和方差齐次性。两个因素的不同水平搭配对试验指标产生影响。

R 语言中同样采用 aov( )函数对双因素方差分析进行拟合。不考虑交互作用 $y \sim A+B$,加号表示两个因素具有可加性。考虑交互作用的方差分析为 $y \sim A+B+A:B$。

1)假设前提

为了检验两个因素的影响,需要对两个因素分别提出如下假设。

(1)对行因素提出的假设

原假设 $H_0:\mu_1=\mu_2=\cdots=\mu_i=\cdots=\mu_k$　行因素(自变量)对因变量没有显著影响;

备择假设 $H_1:\mu_i(i=1,2,\cdots,k)$ 不完全相等,行因素(自变量)对因变量有显著影响;式中,μ_i 为行因素的第 i 个水平的均值。

(2)对列因素提出的假设

原假设 $H_0:\mu_1=\mu_2=\cdots=\mu_j=\cdots=\mu_r$　列因素(自变量)对因变量没有显著影响;

备择假设 $H_1:\mu_j(j=1,2,\cdots,r)$不完全相等,列因素(自变量)对因变量有显著影响;式中,μ_j 为列因素的第 j 个水平的均值。

2)双因素(无交互)方差分析

以甜菜数据为例,有 A、B、C 和 D 4 组不同处理的甜菜,每组处理包含 5 种甜菜品种,分别为 Y_1、Y_2、Y_3、Y_4 和 Y_5。现进行双因素交错搭配试验,即用 4 组不同方法同时处理每一品种甜菜。通过计算探索不同处理(group)和甜菜品种(seed)对甜菜根生物量是否有显著影响。R 操作过程如下所示:

(1)导入数据。

```
> df<-read.csv("beetroot_data.csv",header = TRUE)
> summary(df)
    group              biomass             row              acros      
 Length:40          Min.   :0.5700   Min.   : 9.00   Min.   : 9.51  
 Class :character   1st Qu.:0.9625   1st Qu.:10.33   1st Qu.:11.15  
 Mode  :character   Median :1.2950   Median :11.89   Median :12.02  
                    Mean   :1.3722   Mean   :12.07   Mean   :12.69  
                    3rd Qu.:1.8000   3rd Qu.:13.51   3rd Qu.:14.25  
                    Max.   :3.0300   Max.   :16.53   Max.   :19.95  
     seed               fert          
 Length:40          Length:40         
 Class :character   Class :character  
 Mode  :character   Mode  :character  
```

(2)转化为因子型变量。

```
> df$group<-factor(df$group)
> df$seed<-factor(df$seed)
```

(3)双因素(无交互)方差分析。

```
> df.aov<-aov(biomass~group+seed,data = df)
> summary(df.aov)
            Df Sum Sq Mean Sq F value   Pr(>F)    
group        3  5.360  1.7865   9.593 0.000114 ***
seed         4  0.859  0.2148   1.153 0.349614    
Residuals   32  5.959  0.1862                     
---
Signif. codes:  0 '***' 0.001 '**' 0.01 '*' 0.05 '.' 0.1 ' ' 1
```

根据分析结果，不同处理(group)对甜菜根生物量有显著影响，而没有充分理由说明甜菜品种(seed)对甜菜根生物量有显著影响。

(4)双因素方差分析检验　用 bartlett. test( )函数分别对不同处理(group)和甜菜品种(seed)作方差齐次性检验，结果如下：

```
> bartlett.test(biomass~group,data = df)

        Bartlett test of homogeneity of variances

data:  biomass by group
Bartlett's K-squared = 4.2324, df = 3, p-value = 0.2374

> bartlett.test(biomass~seed,data = df)

        Bartlett test of homogeneity of variances

data:  biomass by seed
Bartlett's K-squared = 3.5557, df = 4, p-value = 0.4695
```

上述结果表明，对不同处理(group)，P 值(P-value＝0. 2374)大于 0. 05，接受原假设，满足方差齐次性要求。对不同甜菜品种，P 值(P-value＝0. 4695)大于 0. 05，满足方差齐次性要求。表明双因素(无交互)方差分析结果可靠。

3)双因素(有交互)方差分析步骤

以甜菜数据为例，施肥量(fert)与不同处理(group)均会对甜菜根生物量产生影响，利用 R 语言探究两个因素对甜菜根生物量的影响以及两个元素的交互作用。

(1)引入数据及数据概览。

```
> df<-read.csv("beetroot_data.csv",header = TRUE)
> summary(df)
    group              biomass            row             acros      
 Length:40          Min.   :0.5700   Min.   : 9.00   Min.   : 9.51  
 Class :character   1st Qu.:0.9625   1st Qu.:10.33   1st Qu.:11.15  
 Mode  :character   Median :1.2950   Median :11.89   Median :12.02  
                    Mean   :1.3722   Mean   :12.07   Mean   :12.69  
                    3rd Qu.:1.8000   3rd Qu.:13.51   3rd Qu.:14.25  
                    Max.   :3.0300   Max.   :16.53   Max.   :19.95  
     seed               fert          
 Length:40          Length:40         
 Class :character   Class :character  
 Mode  :character   Mode  :character  
```

(2)将字符元素转为因子元素。

```
> df$group<-factor(df$group)
> df$fert<-factor(df$fert)
```

(3)更改图形显示界面及绘制双因素箱线图(图 2-5)。

```
> op<-par(mfrow=c(1,2))
> plot(biomass~fert+group,data = df)
```

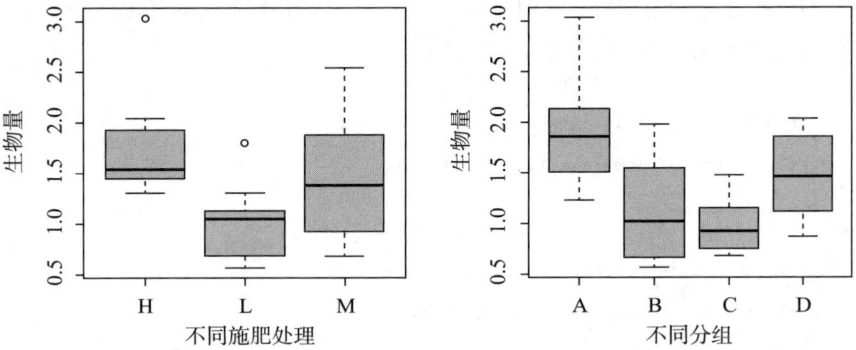

图 2-5　不同处理和施肥量的甜菜根生物量对比图

(4)双因素(有交互)方差分析。

```
> summary(aov(biomass~fert*group,data = df))
            Df Sum Sq Mean Sq F value   Pr(>F)    
fert         2  3.242  1.6212  13.354 8.46e-05 ***
group        3  4.740  1.5801  13.016 1.66e-05 ***
fert:group   6  0.796  0.1326   1.093    0.391    
Residuals   28  3.399  0.1214                     
---
Signif. codes:  0 ‘***’ 0.001 ‘**’ 0.01 ‘*’ 0.05 ‘.’ 0.1 ‘ ’ 1
```

从以上分析可知,施肥量(fert)和不同处理(group)对甜菜根生物量具有显著影响。施肥量(fert)和不同处理(group)交互作用对甜菜根生物量的影响不显著。

(5)双因素方差分析检验　采用 levene. test( )和 bartlett. test( )两个函数对不同处理(group)和施肥量(fert)做方差齐次性检验,结果如下:

```
> leveneTest(df$biomass,df$fert)
Levene's Test for Homogeneity of Variance (center = median)
      Df F value  Pr(>F)  
group  2  2.9832 0.06293 .
      37                  
---
```

```
Signif. codes:  0 ‘***’ 0.001 ‘**’ 0.01 ‘*’ 0.05 ‘.’ 0.1 ‘ ’ 1
> leveneTest(df$biomass,df$group)
Levene's Test for Homogeneity of Variance (center = median)
      Df F value Pr(>F)
group  3  1.1445 0.3443
      36
> bartlett.test(biomass~fert,data = df)

        Bartlett test of homogeneity of variances

data:  biomass by fert
Bartlett's K-squared = 3.3468, df = 2, p-value = 0.1876

> bartlett.test(biomass~group,data = df)

        Bartlett test of homogeneity of variances

data:  biomass by group
Bartlett's K-squared = 4.2324, df = 3, p-value = 0.2374
```

方差齐次性检验结果表明，P 值均大于 0.05，表明在 0.05 显著水平下两因素满足方差齐次性要求，表明双因素（有交互）方差分析结果可靠。

2.4 本章小结与习题

2.4.1 本章小结

（1）方差分析用于检验两个或两个以上样本均值是否存在差异的显著性检验，通常用于判断自变量对因变量是否有显著影响，也称为 F 检验。

（2）协方差分析是将线性回归分析与方差分析结合起来的一种统计分析方法，其实质就是从 Y 的综合平方和中扣除 X 对 Y 的回归平方和，对残差平方和做进一步分解后再进行方差分析。

（3）正态分布检验有 2 种方法：一种是利用 Shapiro-Wilk 正态检验；另一种使用 Q-Q 图来检验正态性。

（4）方差的齐次性检验，通常使用 Bartlett 检验、Levene 检验和 Fligner-Killeen 检验。

（5）在 R 语言中，方差分析使用 aov( )实现，多重比较使用 TukeyHSD( )实现。

2.4.2 习题

【练习 1】 以 R 中的 PlantGrowth 数据（表 2-4）为例，进行单因素方差分析（基本提示如下：载入数据，观察数据分布；接着正态检验、方差齐性检验，查看是否有离群点；最后使用 aov( )函数进行单因素方差分析。

表 2-4 PlantGrowth 数据

序号	质量	分组
1	4.17	ctrl
2	5.58	ctrl
3	5.18	ctrl
4	6.11	ctrl
5	4.50	ctrl
6	4.61	ctrl
7	5.17	ctrl
8	4.53	ctrl
9	5.33	ctrl
10	5.14	ctrl
11	4.81	trt1
12	4.17	trt1
13	4.41	trt1
14	3.59	trt1
15	5.87	trt1
16	3.83	trt1
17	6.03	trt1
18	4.89	trt1
19	4.32	trt1
20	4.69	trt1
21	6.31	trt2
22	5.12	trt2
23	5.54	trt2
24	5.50	trt2
25	5.37	trt2
26	5.29	trt2
27	4.92	trt2
28	6.15	trt2
29	5.80	trt2
30	5.26	trt2

【练习 2】 以 R 语言中自带的 CO_2 数据集(表 2-5)为例,进行含一个组间因子和一个组内因子的重复测量方差分析。CO_2 数据集包含 84 条数据,包括植物种类、类型、处理水平、CO_2 浓度和 CO_2 吸收量。

表 2-5 CO_2 数据集

序号	植物种类	类型	处理水平	CO_2 浓度	CO_2 吸收量
1	Qn1	Quebec	nonchilled	95	16
2	Qn1	Quebec	nonchilled	175	30.4
3	Qn1	Quebec	nonchilled	250	34.8
4	Qn1	Quebec	nonchilled	350	37.2
5	Qn1	Quebec	nonchilled	500	35.3
6	Qn1	Quebec	nonchilled	675	39.2
7	Qn1	Quebec	nonchilled	1000	39.7
8	Qn2	Quebec	nonchilled	95	13.6
9	Qn2	Quebec	nonchilled	175	27.3
10	Qn2	Quebec	nonchilled	250	37.1
11	Qn2	Quebec	nonchilled	350	41.8
12	Qn2	Quebec	nonchilled	500	40.6
13	Qn2	Quebec	nonchilled	675	41.4
14	Qn2	Quebec	nonchilled	1000	44.3
15	Qn3	Quebec	nonchilled	95	16.2
16	Qn3	Quebec	nonchilled	175	32.4
17	Qn3	Quebec	nonchilled	250	40.3
18	Qn3	Quebec	nonchilled	350	42.1
19	Qn3	Quebec	nonchilled	500	42.9
20	Qn3	Quebec	nonchilled	675	43.9
21	Qn3	Quebec	nonchilled	1000	45.5
22	Qc1	Quebec	chilled	95	14.2
23	Qc1	Quebec	chilled	175	24.1
24	Qc1	Quebec	chilled	250	30.3
25	Qc1	Quebec	chilled	350	34.6
26	Qc1	Quebec	chilled	500	32.5

续表 2-5

序号	植物种类	类型	处理水平	CO_2 浓度	CO_2 吸收量
27	Qc1	Quebec	chilled	675	35.4
28	Qc1	Quebec	chilled	1000	38.7
29	Qc2	Quebec	chilled	95	9.3
30	Qc2	Quebec	chilled	175	27.3
31	Qc2	Quebec	chilled	250	35
32	Qc2	Quebec	chilled	350	38.8
33	Qc2	Quebec	chilled	500	38.6
34	Qc2	Quebec	chilled	675	37.5
35	Qc2	Quebec	chilled	1000	42.4
36	Qc3	Quebec	chilled	95	15.1
37	Qc3	Quebec	chilled	175	21
38	Qc3	Quebec	chilled	250	38.1
39	Qc3	Quebec	chilled	350	34
40	Qc3	Quebec	chilled	500	38.9
41	Qc3	Quebec	chilled	675	39.6
42	Qc3	Quebec	chilled	1000	41.4
43	Mn1	Mississippi	nonchilled	95	10.6
44	Mn1	Mississippi	nonchilled	175	19.2
45	Mn1	Mississippi	nonchilled	250	26.2
46	Mn1	Mississippi	nonchilled	350	30
47	Mn1	Mississippi	nonchilled	500	30.9
48	Mn1	Mississippi	nonchilled	675	32.4
49	Mn1	Mississippi	nonchilled	1000	35.5
50	Mn2	Mississippi	nonchilled	95	12
51	Mn2	Mississippi	nonchilled	175	22
52	Mn2	Mississippi	nonchilled	250	30.6
53	Mn2	Mississippi	nonchilled	350	31.8
54	Mn2	Mississippi	nonchilled	500	32.4
55	Mn2	Mississippi	nonchilled	675	31.1
56	Mn2	Mississippi	nonchilled	1000	31.5
57	Mn3	Mississippi	nonchilled	95	11.3

续表 2-5

序号	植物种类	类型	处理水平	CO_2 浓度	CO_2 吸收量
58	Mn3	Mississippi	nonchilled	175	19.4
59	Mn3	Mississippi	nonchilled	250	25.8
60	Mn3	Mississippi	nonchilled	350	27.9
61	Mn3	Mississippi	nonchilled	500	28.5
62	Mn3	Mississippi	nonchilled	675	28.1
63	Mn3	Mississippi	nonchilled	1000	27.8
64	Mc1	Mississippi	chilled	95	10.5
65	Mc1	Mississippi	chilled	175	14.9
66	Mc1	Mississippi	chilled	250	18.1
67	Mc1	Mississippi	chilled	350	18.9
68	Mc1	Mississippi	chilled	500	19.5
69	Mc1	Mississippi	chilled	675	22.2
70	Mc1	Mississippi	chilled	1000	21.9
71	Mc2	Mississippi	chilled	95	7.7
72	Mc2	Mississippi	chilled	175	11.4
73	Mc2	Mississippi	chilled	250	12.3
74	Mc2	Mississippi	chilled	350	13
75	Mc2	Mississippi	chilled	500	12.5
76	Mc2	Mississippi	chilled	675	13.7
77	Mc2	Mississippi	chilled	1000	14.4
78	Mc3	Mississippi	chilled	95	10.6
79	Mc3	Mississippi	chilled	175	18
80	Mc3	Mississippi	chilled	250	17.9
81	Mc3	Mississippi	chilled	350	17.9
82	Mc3	Mississippi	chilled	500	17.9
83	Mc3	Mississippi	chilled	675	18.9
84	Mc3	Mississippi	chilled	1000	19.9

【练习 3】 基于 R 语言进行双因素方差分析。原来检验果汁中含铅量有 3 种方法 A_1，A_2，A_3，现研究出另一种快速检验法 A_4，能否用 A_4 代替前 3 种方法，需要

通过试验考察。观察的对象是果汁，不同的果汁当作不同的水平：B_1 为苹果汁，B_2 为葡萄汁，B_3 为西红柿汁，B_4 为苹果复合汁，B_5 为橘子汁，B_6 为菠萝、柠檬汁。现进行双因素交错搭配试验，即用 4 种方法同时检验每一种果汁，结果如表 2-6。问因素 A(检验方法)和 B(果汁品种)对果汁的含铅量是否有显著影响？

表 2-6　果汁数据

因素	因素 B					
A	B_1	B_2	B_3	B_4	B_5	B_6
A_1	0.05	0.46	0.12	0.16	0.84	1.30
A_2	0.08	0.38	0.40	0.10	0.92	1.57
A_3	0.11	0.43	0.05	0.10	0.94	1.10
A_4	0.11	0.44	0.08	0.03	0.93	1.15

第3章　回归分析实战

3.1　回归分析

回归分析(regression analysis)是一种用于确定两个或两个以上变量之间相互依赖定量关系的统计分析方法。根据涉及的变量数量的不同,回归分析可以分为一元回归和多元回归分析。当研究一个自变量与一个因变量之间的关系时,称其为一元回归分析。当研究一个因变量与多个自变量之间的关系时,称其为多元回归分析。回归分析的主要步骤包括建立回归模型、求解回归模型中的参数以及检验回归模型等。

3.1.1　lm( )函数拟合回归模型

在R语言中,可以使用lm( )函数拟合线性模型,该函数可进行回归、单层方差分析和协方差分析。

用法:lm(formula, data, subset)

参数:formula指要拟合的模型形式,data是一个数据框,subset是一个可选参数,指定要使用的观测值的子集。

注意得到回归模型的参数估计值后,需要对回归方程和回归系数进行显著性检验。

1)检验回归方程的拟合度

根据调整决定系数 R_a^2 检验拟合程度。

决定系数 R^2 表示回归平方和SSR与总平方和SST的比值:

$$R^2=\frac{\mathrm{SSR}}{\mathrm{SST}}=1-\frac{\mathrm{SSE}}{\mathrm{SST}}$$

式中:SST＝SSR＋SSE,SST(total sum of squares)为总平方和,SSR(regression sum of squares)为回归平方和;SSE(error sum of squares)为残差平方和。

调整决定系数 R_a^2 修正了决定系数 R^2 对样本量和自变量个数的依赖关系,其中

p 表示自变量个数。

$$R_a^2=1-(1-R^2)\times\frac{n-1}{n-p-1}$$

2)显著性检验

(1)线性关系检验

第一步:提出假设

原假设 $H_0:\beta_1=\cdots=\beta_k=0$

备择假设 $H_1:\beta_1,\cdots,\beta_k$ 不全为 0

第二步:计算检验统计量 F

$$F=\frac{\mathrm{SSR}/k}{\mathrm{SSE}/(n-k-1)}\sim F(k,n-k-1)$$

式中,SSR 为回归平方和;SSE 为残差平方和;k 为自变量个数;n 为样本容量。根据 P 值判断线性关系是否显著。

(2)回归系数的显著性检验

第一步:提出假设

原假设 $H_0:\beta_j=0$

备择假设 $H_1:\beta_j$ 不为 0 $(j=0,1,\cdots,k)$

第二步:计算检验统计量 F_j

$$F_j=\frac{\mathrm{SSE}_{(j)}-\mathrm{SSE}}{\mathrm{SSE}/(n-k-1)}\sim F(k,n-k-1)$$

式中,$\mathrm{SSE}_{(j)}$ 表示去掉 $x_{(j)}$ 后的残差平方和,根据 t 检验判断变量是否显著。

3.1.2　一元线性回归

在一元线性回归中,lm( )函数用于拟合形如 $y=ax+b$ 的线性模型,其中 a 和 b 分别为回归系数,用最小二乘法求解。为了检验回归方程是否具有显著意义,可以采用 F 检验、t 检验(b 系数检验)等方法,以及拟合优度指标 R^2。

【例 3.1】 通过以下代码对叶片生物量和叶面积进行一元线性回归分析,首先通过 read.csv( )函数导入数据,然后使用 plot( )函数绘制了生物量与叶面积之间的散点图(图 3-1)。使用 lm( )函数建立生物量关于叶面积的回归方程,并将结果存储在 fitl 变量中。最后,通过 summary( )函数展示了拟合模型的详细结果,包括回归系数、F 统计量、P 值等信息。

```
> #1.读入LA_biomass.CSV中数据
> df<-read.csv("LA_biomass.CSV")
> #2.绘制散点图
> plot(biomass~LA, data=df)
> #3.建立biomass关于LA的回归方程
> fit1<-lm(biomass~LA,data = df)
> #4.展示模型拟合的详细结果
> summary(fit1)
```

plot( )函数绘制的生物量与叶面积之间的散点图见图 3-1：

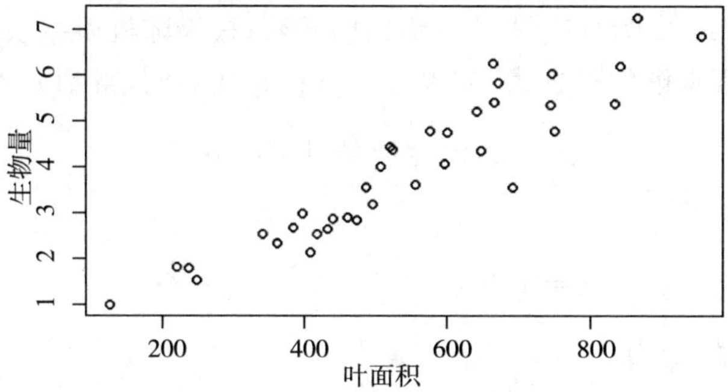

图 3-1　生物量与叶面积的散点图

summary( )函数输出结果如下：

```
Call:
lm(formula = biomass ~ LA, data = df)

Residuals:
     Min       1Q   Median       3Q      Max 
-1.59974 -0.43711 -0.02989  0.41690  1.30890 

Coefficients:
              Estimate Std. Error t value Pr(>|t|)    
(Intercept) -0.2412543  0.3055192   -0.79    0.435    
LA           0.0078198  0.0005294   14.77   <2e-16 ***
---
Signif. codes:  0 '***' 0.001 '**' 0.01 '*' 0.05 '.' 0.1 ' ' 1

Residual standard error: 0.6128 on 36 degrees of freedom
Multiple R-squared:  0.8584,	Adjusted R-squared:  0.8544 
F-statistic: 218.2 on 1 and 36 DF,  p-value: < 2.2e-16
```

在上述输出中，Intercept 代表线性回归模型中的截距项或常数项，而 LA 则代表叶面积，Estimate 列分别给出了截距项和 LA 的估计值。

从本例中可以看出，使用 lm( )函数来拟合线性回归模型时，模型的形式是 $y \sim x$，其中 y 表示因变量，x 表示自变量。默认情况下，lm($y \sim x$)会包含截距项，而 lm($y \sim x-1$)则表示没有截距项。注意，输出的 P 值的显著性代码反映了系数确定的统计显著性水平。具体而言，'∗∗∗'、'∗∗'、'∗'、'.'和' '分别表示 0.001、

0.01、0.05、0.1 和 1 的显著性水平。此外，注意输出中的剩余标准误差（residual standard error）衡量了回归线周围的离散程度或变异程度，而 F 统计量和 P 值则表明模型的整体显著性。

3.1.3 多元线性回归

一个因变量与多个自变量呈线性相关。一般表示形式为：

$$y=\beta_0+\beta_1 x_1+\cdots+\beta_k x_k+\in$$

式中，β_0 为常数项；$x_{1\sim k}$ 为自变量；$\beta_{1\sim k}$ 为回归系数；$\in$ 为随机误差项。

多元线性方程求解的过程为：如果对 y 进行 n 次观测，得到 n 组观测值

$$y_i, x_{1i}, \cdots, x_{ki} (i=1,2,\cdots,n)$$

方程为：

$$y_i=\beta_0+\beta_1 x_{1i}+\cdots+\beta_k x_{ki}+\in_i$$

引入矩阵记号，记为：

$$\boldsymbol{y}=\begin{bmatrix} y_1 \\ y_2 \\ \vdots \\ y_n \end{bmatrix}, \boldsymbol{X}=\begin{bmatrix} 1 & x_{11} & \cdots & x_{k1} \\ 1 & x_{12} & & x_{k2} \\ \vdots & \vdots & \ddots & \vdots \\ 1 & x_{1n} & \cdots & x_{kn} \end{bmatrix}, \boldsymbol{\beta}=\begin{bmatrix} \beta_0 \\ \beta_1 \\ \vdots \\ \beta_k \end{bmatrix}, \in=\begin{bmatrix} \in_1 \\ \in_2 \\ \vdots \\ \in_n \end{bmatrix}$$

则模型可写成如下形式：

$$\boldsymbol{y}=\boldsymbol{X\beta}+\in$$

在正态假定下，如果 $\boldsymbol{X}$ 是列满秩，普通线性回归模型的参数 β

最小二乘估计为：$\hat{\beta}=(\boldsymbol{X}^{\mathrm{T}}\boldsymbol{X})^{-1}\boldsymbol{X}^{\mathrm{T}}\boldsymbol{y}$

随机误差方差 σ^2 的最小二乘估计为：$\hat{\sigma^2}\equiv\dfrac{e^{\mathrm{T}}e}{n-k-1}$

【例 3.2】 对我国东南沿海地区梅雨季节做中长期统计预报。使用 lm( )函数建立多元线性回归模型，入梅时间为因变量 y，选择 6 个气象要素作为自变量，以 23 年历史资料作为样本，建立入梅时间与其他气象要素的多元线性回归方程。代码如下：

```
> #1.导入ClimateData.CSV中数据
> df1<-read.csv('ClimateData.CSV')
> #2.建立y关于x的回归方程
> fit1<-lm(y~x1+x2+x3+x4+x5+x6, data = df1)
> summary(fit1)
```

summary( )函数展示了拟合模型的详细结果。从输出结果可以看出,调整决定系数为 0.5347。F 统计检验的 P 值为 0.003794,小于 0.05,表明回归模型的线性关系较显著。同时,我们还可以使用 t 检验来评估各自变量对因变量的影响程度。在本例中,只有自变量 $x2$ 和 $x6$ 存在显著的影响。

```
Call:
lm(formula = y ~ x1 + x2 + x3 + x4 + x5 + x6, data = df
1)

Residuals:
    Min      1Q  Median      3Q     Max
-6.8126 -2.8909  0.0428  2.0983 14.0371

Coefficients:
             Estimate Std. Error t value Pr(>|t|)
(Intercept) -180.06164   80.25888  -2.244   0.0394 *
x1            -0.24653    0.49726  -0.496   0.6268
x2            -0.72141    0.28246  -2.554   0.0212 *
x3             0.03036    0.20008   0.152   0.8813
x4             0.30886    0.57494   0.537   0.5985
x5             1.01024    0.72574   1.392   0.1830
x6             0.79110    0.31816   2.486   0.0243 *
---
Signif. codes:
0 '***' 0.001 '**' 0.01 '*' 0.05 '.' 0.1 ' ' 1

Residual standard error: 5.067 on 16 degrees of freedom
Multiple R-squared:  0.6616,    Adjusted R-squared:  0.5
347
F-statistic: 5.213 on 6 and 16 DF,  p-value: 0.003794
```

3.2 回归诊断

确定了回归模型的自变量并初步得到一个线性回归模型,并不能拿来直接使用,还要对模型进行诊断,判断这个模型是否符合假设检验前提。多元线性回归模型的假设前提为:

(1)(数值型)自变量要与因变量有线性关系;

(2)残差基本呈正态分布;

(3)残差方差基本不变(同方差性);

(4)残差(样本)间相关独立。

3.2.1 综合验证

采用 gvlma( )对线性模型进行验证,它给模型提供了一个单独的综合检验(通过/不通过)。代码如下:

```
> #综合验证
> library(gvlma)
> gvmodel<-gvlma(fit1)
> summary(gvmodel)
```

输出结果如下：

```
Call:
 gvlma(x = fit1)

                       Value   p-value
Global Stat        19.310892 0.0006828
Skewness            6.763090 0.0093062
Kurtosis            8.588983 0.0033820
Link Function       3.958362 0.0466391
Heteroscedasticity  0.000456 0.9829635
                                  Decision
Global Stat        Assumptions NOT satisfied!
Skewness           Assumptions NOT satisfied!
Kurtosis           Assumptions NOT satisfied!
Link Function      Assumptions NOT satisfied!
Heteroscedasticity    Assumptions acceptable.
```

从输出结果可见，Global Stat 中，$P=0.0006828$，不满足回归模型中的所有统计假设。

综合验证未通过，可以对假定条件分别进行验证，判断哪些假定没有满足。

3.2.2 假设条件分别验证

为了验证线性回归模型中的假设条件，使用 car 包中提供的函数进行检验。

1. 正态性

使用 qqPlot( )函数绘制学生化残差的 Q-Q 图，或者用 shapiro. test( )函数进行正态性检验。如果 Q-Q 图中有点落在置信区间外，或者 shapiro. test( )的检验结果 P 值小于 0.05，则说明不满足正态性假定。代码如下：

```
> #正态性验证，使用qqPlot()函数
> library(car)
> qqPlot(fit1,labels = row.names(states), id.method = 'i
dentify', simulate = TRUE, main = 'Q-Q Plot')
```

如图 3-2 所示，点 12 落在了置信区间的外边，可能导致正态性检验不通过。

采用 shapiro. test( )统计检验方法。shapiro. test( )是一种用于检查数据是否符合正态分布的统计检验方法。它基于 Shapiro-Wilk 检验，该检验可以测试一个数据集是否来自正态分布。

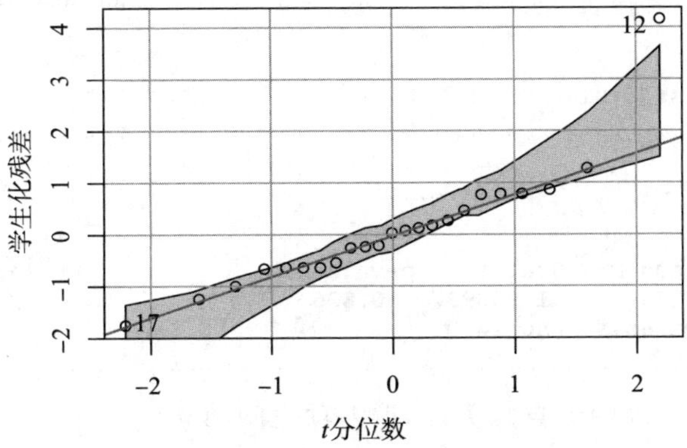

图 3-2 学生化残差的 Q-Q 图

在 R 语言中，shapiro. test( )函数可以接受一个向量作为输入，并返回以下 3 个值：

(1)*W* 统计量　*W* 统计量越靠近 1，表明数据越接近正态分布。

(2)*P* 值　*P* 值表示在假设数据符合正态分布的情况下，得到与当前数据相同或更极端结果的概率。

(3)正态性检验结果　如果 *P* 值小于 0.05，则输出“不符合正态分布”；否则输出“符合正态分布”。

shapiro. test( )检验的代码如下：

```
> library(car)
> res<-residuals(lm(y~x1+x2+x3+x4+x5+x6, data = df1))
> shapiro.test(res)
```

输出结果如下：

```
        Shapiro-Wilk normality test

data:  res
W = 0.90027, p-value = 0.02561
```

shapiro. test 检验结果 *P* 值小于 0.05，不满足正态性假定。

2. 独立性

使用 Durbin-WatsonTest( )函数进行 Durbin-Watson 检验，判断误差项是否独立。如果 *P* 值大于 0.05，则说明误差项之间没有自相关性，满足独立性假定。代码如下：

```
> #独立性检验
> library(car)
> durbinWatsonTest(fit1)
```

输出结果如下：

```
lag Autocorrelation D-W Statistic p-value
  1     -0.01023273      1.998997    0.826
Alternative hypothesis: rho != 0
```

P 值大于 0.05，说明无自相关性，误差项之间独立。

3. 线性

可以使用 crPlots( )函数绘制组合残差图，判断预测变量和残差之间是否存在线性关系。代码如下：

```
> #线性检验
> library(car)
> crPlots(fit1)
```

8 输出结果如图 3-3 所示。

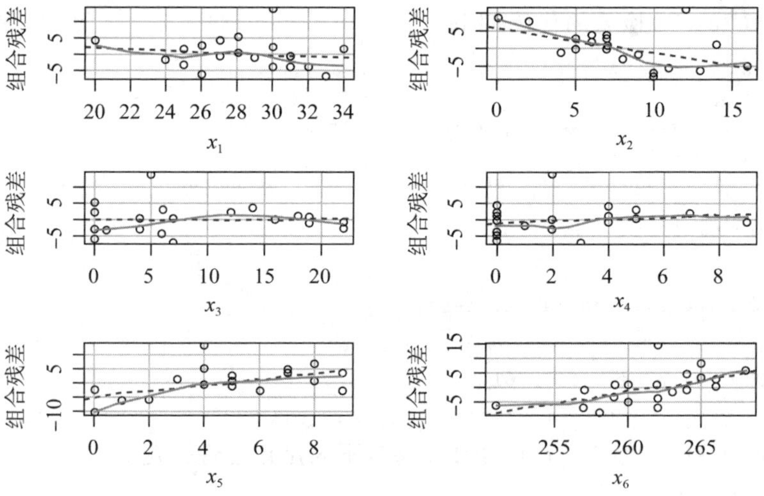

图 3-3　组合残差图

如果图中显示出了非线性关系，可能说明假设的模型不够精确，需要尝试曲线拟合，比如多项式或者对其中的变量进行变换[例如用 $\log(x)$代替 x 等]。从图中看，线性模型对这个数据集是比较合适的。

4. 同方差性

使用 ncvTest( )函数进行非常数方差检验，判断误差项是否满足同方差性假定。

该函数生成一个假设检验，若检验显著，则拒绝零假设。

➢原假设 H_0：误差方差不变，

➢备择假设 H_1：误差方差随着拟合值水平变化而变化。

如果 P 值大于 0.05，则说明误差项的方差相对稳定，满足同方差性假定。代码如下：

```
> #同方差性检验
> library(car)
> ncvTest(fit1)
```

输出结果：

```
Non-constant Variance Score Test
Variance formula: ~ fitted.values
Chisquare = 1.663887, Df = 1, p = 0.19708
```

P 值为 0.19708，检验不显著，满足方差不变的假设。

需要注意的是，如果在上述验证过程中发现某个假设条件不满足，我们需要考虑对数据集进行进一步处理，例如对异常值进行去除、对数据进行变换等，以满足模型的假设条件。

由上可知，该数据集的 4 个假定条件中，正态性假定不能满足。在学生化残差 Q-Q 图中，编号为 12 的那个点没有落在置信区间范围内，可能是一个异常观测值，导致了正态性检验不能通过。

3.3 异常观测值

在回归分析中，异常值通常包括离群点、高杠杆值点和强影响点。这些点可能对结果产生较大的负面影响，因此对异常值点的判断及修正对建立正确的回归模型非常重要。

3.3.1 离群点

离群点通常指残差非常大的点，模型预测的 y 值与真实的 y 值相差较大。通常检测离群点的方法有：

(1)使用 Q-Q 图,落在置信区间[-2,2]之外的点通常被认为是离群点。可使用 car 包中的 qqPlot( )函数进行绘制。以【例 3.2】为研究对象,代码如下:

```
> #离群点
> library(car)
> qqPlot(fit1,labels = row.names(states), id.method = 'i
dentify', simulate = TRUE, main = 'Q-Q Plot')
```

输出结果见图 3-2。

由图 3-2 可发现,第 12 观测点明显偏出了置信区间。

(2)粗略判断离群点,通常认为标准化残差的绝对值大于 2 或者 3 的点可能是离群点。可使用 rstandard( )函数计算标准化残差并判断,代码如下:

```
> #计算标准化残差, 粗略判断离群点
> y_rst<-rstandard(fit1)
> print(y_rst)
```

输出结果:

```
           1            2            3            4 
 0.009613105  0.125518467 -1.275108414 -1.031332738 
           5            6            7            8 
 0.456828709 -0.262101813 -0.214524966 -0.695852056 
           9           10           11           12 
-0.669030755  1.246995675  0.245390208  2.929926460 
          13           14           15           16 
-0.715991169  0.146567210  0.755033045  0.827732448 
          17           18           19           20 
-1.679088889 -0.704163925  0.073266721 -0.305508463 
          21           22           23 
-0.601723410  0.808282321  0.751190907 
```

从标准化残差看,第 12 观测点的标准化残差大于 2。第 17 观测点的标准化残差比较接近 2。

(3)使用 car 包中的 outlierTest( )函数检测离群点,输出结果中 Bonferroni P 值小于 0.05 的点被认为是离群点。代码如下:

```
> #使用outlierTest()检测离群点
> library(car)
> outlierTest(fit1)
```

输出结果:

```
    rstudent unadjusted p-value Bonferroni p
 12 4.167074          0.00082609        0.019
```

离群点检测结果显示点 12 为离群点。

上述 3 种检测离群点的方法，都检测出了第 12 个观测点为离群点。对于离群点，我们可以谨慎地删除，删除离群点后需要重新拟合模型并验证假设条件是否满足。【例 3.2】中进一步以删除离群点 12 后再次拟合线性回归方程，看其是否满足假定条件。代码如下：

```
> #数据剔除离群点（点12）
> df2<-df1[-12,]
> #建立拟合模型
> fit2<-lm(y~x1+x2+x3+x4+x5+x6, data = df2)
> #进行综合验证
> library(gvlma)
> gvmodel<-gvlma(fit2)
> summary(gvmodel)
```

输出结果如下：

```
Call:
 gvlma(x = fit2)

                       Value p-value
Global Stat         3.216434 0.52228
Skewness            0.253594 0.61456
Kurtosis            0.004409 0.94706
Link Function       2.922168 0.08737
Heteroscedasticity 0.036263 0.84897
                                Decision
Global Stat         Assumptions acceptable.
Skewness            Assumptions acceptable.
Kurtosis            Assumptions acceptable.
Link Function       Assumptions acceptable.
Heteroscedasticity Assumptions acceptable.
```

综合验证通过了，假定条件均满足。

3.3.2 高杠杆点

高杠杆点是指自变量因子空间中的离群点，由许多异常的自变量值组合起来的。判断高杠杆值点的方法，是计算每个点的帽子统计量，若该点的帽子统计量大于帽子统计量的均值的 2 倍或 3 倍，通常被认为是高杠杆值点。可使用 hatvalues( ) 函数计算帽子统计量，并用 plot( ) 函数绘制，代码如下：

```
> #计算帽子统计量
> hat.plot<-function(fit2){
+   p<-length(coefficients(fit2))
+   n<-length(fitted(fit2))
+   plot(hatvalues(fit2),main = "Index Plot of Hat Value
s")
+   abline(h = c(2,3) * p/n, col = "red", lty = 2)
+   identify(1:n, hatvalues(fit2),names(hatvalues(fit
2)))
+ }
> hat.plot(fit2)
```

输出结果见图 3-4：

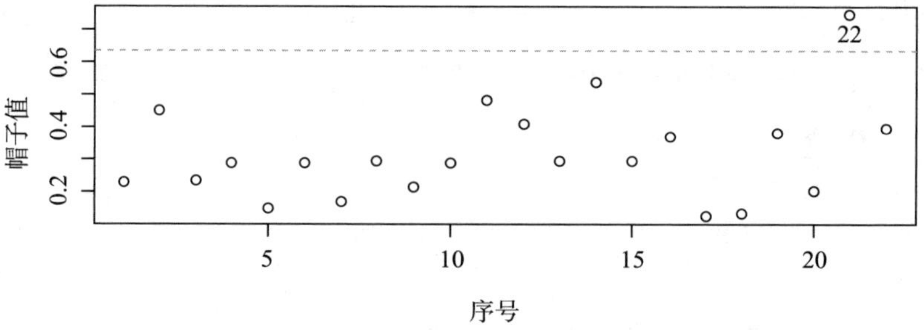

图 3-4　帽子值判断高杠杆值点

水平线标注的即帽子均值 2 倍的位置，点 22 的帽子统计量大于帽子统计量均值的 2 倍。定位函数(locator function)能以交互模式绘图，单击的感兴趣点会出现标注，然后按 Esc 键退出交互模式。

3.3.3　强影响点

强影响点是指对模型有较大影响的点。如果删除该点拟合回归方程会出现显著改变，则该点可能为强影响点。

常用的检测强影响点的方法包括：

(1)用 Cook 距离进行判断　若某个数据点的 Cook 距离的值大于 $4/(n-k-1)$，则表明该点是强影响点。Cook 距离直接总结了去除某一个数据点之后，其他样本拟合值的变化，相当于综合了残差和杠杆值的信息。可使用 plot( ) 函数绘制 Cook 图并判断，代码如下：

```
> #强影响点
> cutoff<-4/(nrow(df2)-length(fit2$coefficients)-2)
> plot(fit2,which = 4,cook.levels = cutoff)
> abline(h=cutoff,lty=2,col="red")
```

输出结果如下：

由图 3-5 可以判断 10、22 是强影响点。若删除这些点，将会导致回归模型的截距项和斜率发生显著变化。

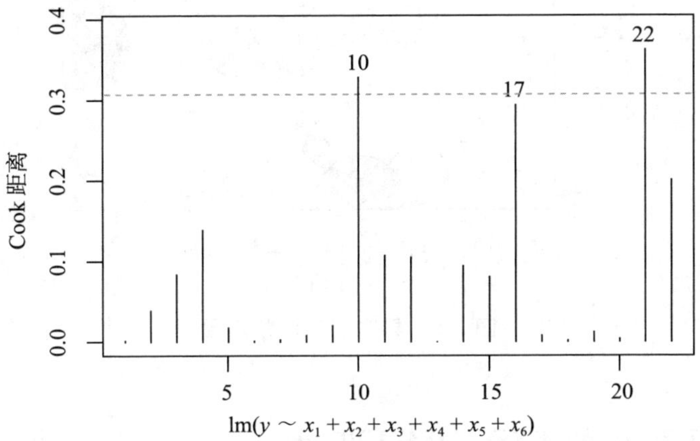

图 3-5 Cook 图

(2)Dffits(Difference in fits) 比较去除某一个数据点和包含此数据点的预测值 y 的变化来评估该数据点对模型的影响，也可以使用 influence. measures( )函数进行诊断。

(3)Dfbetas 比较去除某一个数据点和包含此数据点的每个变量参数的变化评估该数据点对模型的影响，也可以使用 influence. measures( )函数进行诊断。

3.3.4 三种点的综合判定

使用 car 包的 influenceplot( )函数，可以把离群点、高杠杆值点和影响点都整合在一个图中。图横坐标为帽子值，纵坐标为学生化残差，因此纵坐标超过＋2 或者－2 的点被认为是离群点，横坐标可以判断哪些点是高杠杆值点（这里横坐标的水平轴在 0.6～0.7，横坐标超过这个轴的为高杠杆值点），圆圈很大的点可能是对模型参数的估计造成的不成比例影响的强影响点。代码如下：

```
> influencePlot(fit2,id.method = "identify",sub = "Circl
e size is proportional to Cook's distance")
```

输出结果见图 3-6，图中圆圈大小与 Cook 距离成正比。

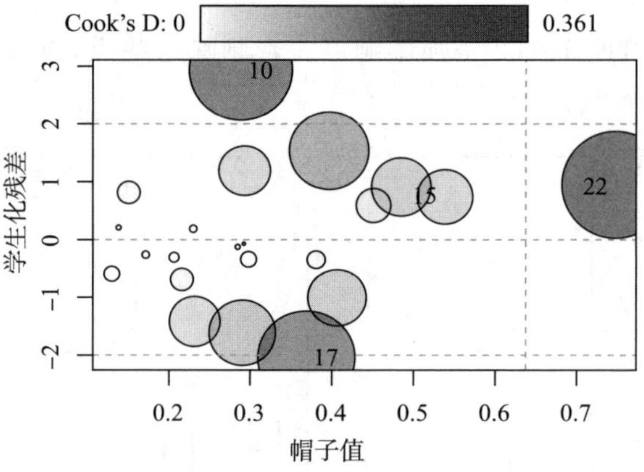

图 3-6　异常观测值判定图

3.4　如何对线性模型进行改进

3.4.1　变量变换

当模型不符合正态性、线性或者同方差性假设时，可能需要对因变量或一个或多个自变量进行转换以改善或调整模型效果。

常见的数据变换有：

- 对数变换：$z=\ln(y)(y>0)$
- 开方变换：$z=\sqrt{y}(y>0)$
- 倒数变换：$z=1/y(y\neq 0)$
- Box-Cox 变换：$z=(x^{\lambda}-1)/\lambda$

当不符合线性假设时，对预测变量进行变换常常会比较有用。car 包中的 boxTidwell( )函数通过获得预测变量幂数的最大似然估计来改善线性关系。

3.4.2　添加或删除变量

添加对预测敏感的变量以及删除对预测不敏感的变量有助于改善模型的拟合度。

3.4.3　使用其他回归方法

如果拟合的模型不能满足线性回归模型的假定条件，可以尝试其他的回归方法代替最小二乘回归。如变量间存在多重共线性，可采用 Lasso 回归、岭回归等。如果存在离群点和/或强影响点，可采用稳健回归模型替代最小二乘回归。如正态性假设不满足,可采用非参数回归模型。如存在显著的非线性,可尝试非线性回归模型。如误差独立性假设不满足,可采用专用于误差结构的模型,如时间序列模型或者多层次回归模型等。

综上所述,在对线性模型进行改进时,需要根据具体情况选择合适的方法,并注意前后步骤之间的相互影响,以便得到更加准确的结果。

3.5　多重共线性

理想中的线性模型各个自变量应该是线性无关的,如果自变量之间存在相关性,就有可能出现多重共线性问题。如果共线性严重,模型或数据的微小变化可能会导致系数估计的较大变化,从而使得模型不稳定。

3.5.1　判别多重共线性

(1)采用方差膨胀因子 VIF(variance inflation factor)来衡量共线性　每个变量都有一个 VIF,一般认为 VIF 超过 5 或 10,则有多重共线性问题。若大多数变量 VIF 在[1,2]之间,只有少数略超过 2,则勉强接受没有多重共线性,若最大的 VIF 值不超过 2,则可以判定不存在多重共线性。以【例 3.2】为研究对象,判断其是否存在多重共线性,代码如下:

```
> #检验多重共线性
> vif(fit2)
```

输出结果:

```
      x1       x2       x3       x4       x5 
2.174063 1.096001 2.099716 1.916524 3.201215 
      x6 
1.226858 
```

从结果上看:存在多重共线性的问题。

(2)条件数判断　条件数(condition number),用 k 表示。一般当 $k>15$ 时就可能存在共线性问题,$k>30$ 时说明共线性问题严重。代码如下:

```
> #选取数据的数值型数据列
> df3<-df1[-12,2:7]
> #计算条件数
> kappa(df3, exact = TRUE)
```

输出结果：

```
[1] 204.8113
```

从结果可知，存在较严重的多重共线性问题。

(3)相关系数法　由定义可知，若存在多重共线性，那么两个变量间相关系数会很大。一般我们都采用0.5标准，若绝对值大于0.5，则认为存在多重共线性。所以如果有可能出现多重共线性，也可以通过计算相关系数实现。选用皮尔逊相关系数法计算，代码及输出结果如下：

```
> #计算相关系数
> cor(df3, method = "pearson")
           x1         x2          x3         x4
x1  1.0000000  0.1511899 -0.50400137 -0.2945126
x2  0.1511899  1.0000000 -0.18732269 -0.1740072
x3 -0.5040014 -0.1873227  1.00000000  0.5828194
x4 -0.2945126 -0.1740072  0.58281939  1.0000000
x5 -0.6919971 -0.0849388  0.66740271  0.5779254
x6  0.1136329  0.1592278  0.05018733  0.2787543
           x5         x6
x1 -0.6919971 0.11363294
x2 -0.0849388 0.15922782
x3  0.6674027 0.05018733
x4  0.5779254 0.27875432
x5  1.0000000 0.14910366
x6  0.1491037 1.00000000
```

从结果中可以很清楚地看出哪些变量间存在着相关性。比如 x_1 和 x_5 间相关系数达到了－0.6919971，表明两个变量间存在共线性问题。

3.5.2　多重共线性问题的解决方法

为了解决多重共线性问题，可以采取以下方法：

(1)增加样本容量　通过增加样本容量来扩大数据集，这样可以降低参数的标准误差，从而减少多重共线性的影响。但是，这种方法需要耗费大量的成本和时间，并且并非总是可行的。

(2)剔除不显著的变量　将相关性较弱或不显著的自变量剔除掉，以消除共线性效应。通过 t 检验或 F 检验等方法可以确定哪些变量需要被剔除。

(3)采用逐步回归法　逐步回归法可以自动选取变量，从而避免了手动剔除变量可能出现的疏漏。

逐步回归法包括3种类型：①向前逐步回归。从不包含任何预测变量开始，每次添加一个预测变量，直到添加变量不会使模型有所改进。②向后逐步回归。从包含所有预测变量开始，每次删除一个变量，直到会降低模型质量为止。③向前向后逐步回归。结合了上述两种方法的优点，每次添加或删除一个变量，并重新评估模型，直到获得最优的模型。

在使用逐步回归法时，AIC 值可以作为模型选择的准则。AIC 值越小，说明模型越好。

逐步回归分析代码如下：

```
> #Direction确定逐步搜索的方向
> #默认为both，"向前向后逐步回归"
> #backward，"向后法"；forward，"向前法"
> steplm_cd<-step(fit1, direction = "both")
```

输出结果如下：

```
Call:
lm(formula = y ~ x2 + x5 + x6, data = df1)

Residuals:
    Min      1Q  Median      3Q     Max 
-7.9129 -2.6838 -0.0799  2.1608 13.8493 

Coefficients:
             Estimate Std. Error t value Pr(>|t|)   
(Intercept) -188.0846    71.4778  -2.631  0.01644 * 
x2            -0.7729     0.2559  -3.021  0.00703 **
x5             1.4433     0.3862   3.737  0.00140 **
x6             0.7929     0.2757   2.876  0.00969 **
---
Signif. codes:  
0 '***' 0.001 '**' 0.01 '*' 0.05 '.' 0.1 ' ' 1

Residual standard error: 4.736 on 19 degrees of freedom
Multiple R-squared:  0.6488,    Adjusted R-squared:  0.5
934 
F-statistic:  11.7 on 3 and 19 DF,  p-value: 0.0001435
```

从输出结果可以看出，筛选了 x_2、x_5、x_6 3 个变量用以建模，且从 F 检验和 t 检验来看，所建模型比较理想。

检查该逐步回归模型是否存在多重共线性问题：

```
> vif(steplm_cd)
      x2       x5       x6 
1.038889 1.035572 1.054845 
```

从结果来看，经逐步回归后不存在多重共线性的问题。

(4)回归系数的有偏估计　将相关的自变量中剔除一些不显著的变量和采用逐步回归的方法在解决多重共线性问题的实际研究中使用较多。然而，如果实际研究中某些自变量很重要，不想或者不能剔除，此时可用回归系数的有偏估计解决共线性问题，如岭回归、主成分法、偏最小二乘法、Lasso 法等。岭回归和 Lasso 回归通过在最小化目标函数的基础上加上一个对系数的惩罚项来控制参数的大小，从而避免参数估计过大的问题。主成分法和偏最小二乘法则采用降维的方法来消除共线性问题。其中，主成分法将自变量进行旋转后得到新的自变量，从而使新的自变量之间不存在相关性；而偏最小二乘法则在寻找新自变量时，同时考虑自变量和因变量之间的相关性，从而能够更好地保留因变量的信息。

①岭回归(ridge regression)。普通最小二乘回归寻求使残差平方和最小的系数，岭回归加入一个惩罚项来约束系数。使得残差平方和小，又不能使系数太膨胀。

普通线性回归模型的参数最小二乘估计为：

$$\beta=(X^{T}X)^{-1}X^{T}Y$$

如果存在较强的共线性，即 X 中各列向量之间存在较强的相关性，会导致 $|X^{T}X|\approx 0$，从而引起 $(X^{T}X)^{-1}$ 对角线上的值很大。并且不一样的样本也会导致参数估计值 β 变化非常大。即参数估计量的方差也增大，对参数的估计不准确。既然共线性会导致参数估计值变得非常大，那么给最小二乘的目标函数基础上加上一个对 β 的惩罚函数。最小化新的目标函数时便也需要同时考虑到 β 值的大小，不能过大。

使用 ridge 包中的 linearRidge( )函数可以自动选择岭回归参数。

代码如下：

```
> library(ridge)
> lr<-linearRidge(y~x1+x2+x3+x4+x5+x6,data=df1)
> summary(lr)
```

结果如下：

```
Call:
linearRidge(formula = y ~ x1 + x2 + x3 + x4 + x5 + x6, data = df1)


Coefficients:
             Estimate Scaled estimate
(Intercept) -146.64117              NA
x1            -0.27645        -4.16716
x2            -0.59078       -11.14688
x3             0.06412         2.35850
x4             0.39325         4.79117
x5             0.78327         9.77490
x6             0.66446        11.72196
            Std. Error (scaled) t value (scaled)
(Intercept)                  NA               NA
x1                      4.82846            0.863
x2                      4.31145            2.585
x3                      4.97589            0.474
```

```
x4                      4.83566           0.991
x5                      5.14036           1.902
x6                      4.37869           2.677
            Pr(>|t|)
(Intercept)       NA
x1           0.38811
x2           0.00973 **
x3           0.63551
x4           0.32178
x5           0.05722 .
x6           0.00743 **
---
Signif. codes:
0 '***' 0.001 '**' 0.01 '*' 0.05 '.' 0.1 ' ' 1

Ridge parameter: 0.1677378, chosen automatically, computed using 4 PCs

Degrees of freedom: model 4.664 , variance 3.727 , residual 5.6
```

②偏最小二乘回归(partial least squares regression, PLSR)。在因变量和自变量各自寻找一个因子(成分),条件是这两个因子在其他可能的因子中最相关,然后在这一对因子的正交空间中再选一对最相关。如此下去,直到这些成对因子具有充分代表性为止。

代码及输出结果如下:

```
> #使用偏最小二乘法建立回归方程,其中validation='LOO'表示使用留一交叉验证计算
> library(pls)
> pl<-plsr(y~x1+x2+x3+x4+x5+x6,data = df1, validation = 'LOO')
> summary(pl)
Data:    X dimension: 23 6
         Y dimension: 23 1
Fit method: kernelpls
Number of components considered: 6

VALIDATION: RMSEP
Cross-validated using 23 leave-one-out segments.
       (Intercept)  1 comps  2 comps  3 comps  4 comps  5 comps
CV           7.595    6.196    5.210    5.178    5.691    5.744
adjCV        7.595    6.185    5.182    5.158    5.659    5.707
       6 comps
CV       5.717
adjCV    5.682

TRAINING: % variance explained
   1 comps  2 comps  3 comps  4 comps  5 comps  6 comps
X    60.10    72.08    80.43    91.93    96.93   100.00
y    41.53    64.55    65.60    65.84    66.14    66.16
```

输出中验证部分的 RMSEP 为均方根误差,CV 和 adjCV 为成分的交叉验证结果。通常,随成分数量的增加,误差会降低。开始时下降明显,但到了特定位置时,下降幅度将不再有明显改变。在 variance explained 中,x 和 y 分别代表了各成分对自变量矩阵和响应变量矩阵的累计总方差解释率。同样地,随成分数量的增加,累计方差解释率会提升。从输出结果可以看出,在第三个主成分后模型均方根误差

RMSEP 随成分数量的增大而增大。累计总方差解释率在前 3 个主成分已经达到了 80%。由此可见,可选前 3 个主成分构建回归模型。

代码及输出结果如下:

```
> pl1<-plsr(y~x1+x2+x3+x4+x5+x6,data = df1, ncomp=3,vali
dation = 'LOO')
> coef(pl1)
, , 3 comps

              y
x1 -0.46058472
x2 -0.72442338
x3  0.04182033
x4  0.40956171
x5  0.67132955
x6  0.81152917
```

③Lasso 回归。原理与岭回归的有些类似,但惩罚项中不是系数的平方而是其绝对值。其基本思想是在回归系数的绝对值之和小于一个常数的约束条件下,使残差平方和最小化,从而能够产生某些严格等于 0 的回归系数。使用 lars( )函数进行 Lasso 回归分析,并指定 type="lasso"参数来进行 Lasso 回归分析。代码及输出结果如下:

```
> library(lars)
> x=as.matrix(df1[,2:7])
> y=as.matrix(df1[,8])
> la=lars(x,y, type='lasso', normalize = T)
> print(la)

Call:
lars(x = x, y = y, type = "lasso", normalize = T)
R-squared: 0.662
Sequence of LASSO moves:
     x5 x4 x2 x6 x1 x3
Var   5  4  2  6  1  3
Step  1  2  3  4  5  6
```

从输出结果可知,Lasso 回归的 R^2 为 0.662。红框是在进行 Lasso 回归时,在第几步时自变量被选入。

输出 Lasso 回归分析摘要:

```
> summary(la)
LARS/LASSO
Call: lars(x = x, y = y, type = "lasso", normalize = T)
  df     Rss      Cp
0  1 1213.74 26.2779
1  2 1012.21 20.4278
2  3  902.76 18.1644
3  4  891.41 19.7224
```

```
4  5  464.07  5.0766
5  6  443.48  6.2744
6  7  410.76  7.0000
```

其中,Cp 是 MallowsCp 统计量,通常选取 Cp 取最小值时的那个模型,可知第四步时最小。接着输出每一步对应的自变量所对应的系数,代码如下:

```
> print(la$beta)
          x1         x2         x3        x4
0  0.00000000  0.0000000 0.00000000 0.0000000
1  0.00000000  0.0000000 0.00000000 0.0000000
2  0.00000000  0.0000000 0.00000000 0.1556233
3  0.00000000 -0.0101699 0.00000000 0.1642441
4  0.00000000 -0.5131715 0.00000000 0.2583685
5 -0.05572649 -0.5597378 0.00000000 0.2759249
6 -0.24653118 -0.7214095 0.03035544 0.3088629
         x5        x6
0 0.0000000 0.0000000
1 0.4333793 0.0000000
2 0.5853093 0.0000000
3 0.5969703 0.0000000
4 1.0723159 0.5134892
5 1.0668899 0.5732879
6 1.0102356 0.7910953
attr(,"scaled:scale")
[1] 15.07373 18.86796 36.78138 12.18338 12.47955
[6] 17.64135
```

3.6 模型选择与变量选择

3.6.1 模型选择

在构建一个回归模型时,需要考虑选择一个合适的模型,以及是否所有的变量都需要用来构建模型,是否存在对预测不敏感的变量,多余变量的加入导致模型精度反而下降的问题。选择一个更优的模型,首先需要对模型进行评估。回归模型的评估可分为解释力和预测力两方面。解释力的评判标准有 R^2 和调整 R^2,常用的预测力评判标准有 Cp,AIC,BIC,AUC 等。

以【例 3.2】来进行实例分析,由如下分析可知:

```
> summary(fit1)

Call:
lm(formula = y ~ x1 + x2 + x3 + x4 + x5 + x6, data = df
1)
```

```
Residuals:
    Min      1Q  Median      3Q     Max
-6.8126 -2.8909  0.0428  2.0983 14.0371
Coefficients:
              Estimate Std. Error t value Pr(>|t|)
(Intercept) -180.06164   80.25888  -2.244   0.0394 *
x1            -0.24653    0.49726  -0.496   0.6268
x2            -0.72141    0.28246  -2.554   0.0212 *
x3             0.03036    0.20008   0.152   0.8813
x4             0.30886    0.57494   0.537   0.5985
x5             1.01024    0.72574   1.392   0.1830
x6             0.79110    0.31816   2.486   0.0243 *
---
Signif. codes:
0 '***' 0.001 '**' 0.01 '*' 0.05 '.' 0.1 ' ' 1

Residual standard error: 5.067 on 16 degrees of freedom
Multiple R-squared:  0.6616,    Adjusted R-squared:  0.5
347
F-statistic: 5.213 on 6 and 16 DF,  p-value: 0.003794
```

从输出结果看，只有 x_2 和 x_6 对预测有较显著影响。因此，尝试建立一个只包含 x_2 和 x_6 的模型。代码及输出结果如下：

```
> fit1_1<-lm(y~x2+x6, data = df1)
> summary(fit1_1)

Call:
lm(formula = y ~ x2 + x6, data = df1)

Residuals:
     Min       1Q   Median       3Q      Max
-11.4947  -4.2587  -0.1696   4.0999  13.4110

Coefficients:
             Estimate Std. Error t value Pr(>|t|)
(Intercept) -225.2300    90.8750  -2.478   0.0222 *
x2            -0.8794     0.3264  -2.694   0.0140 *
x6             0.9632     0.3491   2.759   0.0121 *
---
Signif. codes:
0 '***' 0.001 '**' 0.01 '*' 0.05 '.' 0.1 ' ' 1

Residual standard error: 6.081 on 20 degrees of freedom
Multiple R-squared:  0.3907,    Adjusted R-squared:  0.3
298
F-statistic: 6.413 on 2 and 20 DF,  p-value: 0.007047
```

由输出结果可知，调整 R^2 的值低于前面使用所有自变量拟合的模型。

AIC(Akaike information criterion，赤池信息准则）考虑了模型的统计拟合度以及用来拟合的参数数目。模型的 AIC 值较小说明模型用较少的参数获得了足够的拟合度，这种模型要优先选择。进一步采用 AIC 比较两个模型，代码和输出结果如下：

```
> AIC(fit1,fit1_1)
       df      AIC
fit1    8 147.5689
fit1_1  4 153.0915
```

该 AIC 表明，全部变量输入比只输入 x_2 和 x_6 强。由上可知，其他自变量不显著的原因可能是异常点以及多重共线性的影响。

stepAIC( )是一个用于模型选择的函数，它可以在广义线性模型(GLM)中使用，在给定数据集上比较不同模型的拟合优度和复杂度。stepAIC( )实现了逐步算法，使用 AIC 作为统计准则来选择最佳模型。该函数会从一个完整的模型开始并迭代地添加或删除变量，以尝试找到最小化 AIC 的最佳子集。这个过程被称为前向选择和后向消元。代码如下：

```
> #运行stepAIC()进行模型筛选
> library(MASS)
> step_fit<-stepAIC(fit1,direction = "both")
```

输出如下：

```
> #输出模型筛选结果
> summary(step_fit)

Call:
lm(formula = y ~ x2 + x5 + x6, data = df1)

Residuals:
    Min      1Q  Median      3Q     Max 
-7.9129 -2.6838 -0.0799  2.1608 13.8493 

Coefficients:
            Estimate Std. Error t value Pr(>|t|)   
(Intercept) -188.0846    71.4778  -2.631  0.01644 * 
x2            -0.7729     0.2559  -3.021  0.00703 **
x5             1.4433     0.3862   3.737  0.00140 **
x6             0.7929     0.2757   2.876  0.00969 **
---
Signif. codes:
0 '***' 0.001 '**' 0.01 '*' 0.05 '.' 0.1 ' ' 1

Residual standard error: 4.736 on 19 degrees of freedom
Multiple R-squared:  0.6488,    Adjusted R-squared:  0.5
934
F-statistic:  11.7 on 3 and 19 DF,  p-value: 0.0001435
```

由结果可知，根据 AIC 准则选择了包含 x_2、x_5、x_6 的子集的模型。

构建一个预测模型还需要评价模型的预测能力，常采用交叉验证来检验模型的预测能力。交叉验证即将一定比例的数据挑选出来作为训练样本，另外的样本作保留样本，先在训练样本上获取回归方程，然后在保留样本上做预测。由于保留样本不涉及模型参数的选择，该样本一般可获得比新数据更为精确的估计。

3.6.2 变量选择

为降低数据集的复杂度和筛选出对预测敏感的变量，从而减少数据采集耗的时间和成本，需要对变量进行筛选。

(1)采用调整绝对系数 R^2 选择变量，代码及输出结果如下：

```
> library(leaps)
> exps<-regsubsets(y~x1+x2+x3+x4+x5+x6, data=df1, nbest=
1, really.big = T)
> expres<-summary(exps)
> res<-data.frame(expres$outmat, expres$adjr2)
> print(res)
         x1 x2 x3 x4 x5 x6 expres.adjr2
1  ( 1 )                *       0.3452927
2  ( 1 )     *          *       0.4456320
3  ( 1 )     *          *  *    0.5934023
4  ( 1 )     *       *  *  *    0.5789630
5  ( 1 )  *  *       *  *  *    0.5614093
6  ( 1 )  *  *  *    *  *  *    0.5346668
```

由输出结果可知，调整 R^2 最大时的子集为 x_2、x_5、x_6。

(2)Cp 统计量，在 leaps 包的子集回归方法中，Cp 统计量用于评估选定的自变量子集与全模型之间的偏差。它的定义方式如下：

$$\mathrm{Cp}=(\mathrm{MSE\_p}/\mathrm{MSE\_f})-(n-2p)/n$$

其中 MSE_p 是使用选定自变量子集进行预测时的均方误差(mean square error)，MSE_f 是使用全模型进行预测时的均方误差，n 是样本数量，p 是选定的自变量数量。Cp 统计量越接近 1，则说明选定的自变量子集与全模型拟合效果相当；如果 Cp 小于 1，则说明选定的自变量子集不如全模型。

代码及输出结果如下：

```
> res1<-data.frame(expres$outmat,expres$cp)
> print(res1)
         x1 x2 x3 x4 x5 x6 expres.cp
1  ( 1 )                *   10.546254
2  ( 1 )     *          *    6.826711
3  ( 1 )     *          *  *  1.601771
4  ( 1 )     *       *  *  *  3.286533
5  ( 1 )  *  *       *  *  *  5.023017
6  ( 1 )  *  *  *    *  *  *  7.000000
```

由输出结果可知，Cp 统计量接近 1 时对应的子集为 x_2、x_5、x_6。

(3)还有一种比较流行的变量选择方法，即上面已经介绍的逐步回归法。由上可知，逐步回归根据 AIC 最小值选择了 x_2、x_5、x_6 作为最优子集。

3.7 本章小结与习题

3.7.1 本章小结

(1)lm( )函数可以用于拟合形如 $y=ax+b$ 的线性模型；为了检验回归方程是否具有显著意义，可以采用 F 检验、t 检验(b 系数检验)等方法，以及拟合优度指标 R^2。

(2)多元线性回归模型的假设前提包括自变量与因变量有线性关系、残差基本呈正态分布、残差方差基本不变(同方差性)、残差(样本)间相关独立。介绍了通过 plot( )函数生成评价模型拟合情况的 4 幅图形，并通过 gvlma( )函数进行综合验证和 car 包中的函数进行假设条件分别验证。如果某个假设条件不满足，需要考虑对数据集进行进一步处理，以满足模型的假设条件。

(3)异常观测值在回归分析中是需要被注意和处理的。离群点、高杠杆值点和强影响点都可能对结果产生较大的负面影响，因此需要对它们进行判断及修正。对于离群点，可以使用 Q-Q 图、car 包中的 outlierTest( )函数进行检测；对于高杠杆值点，可以计算每个点的帽子统计量，并用 plot( )函数绘制来判断；对于强影响点，常用的方法检测包括 Cook 距离、Dffits 和 Dfbetas 等。而使用 car 包中的 influencePlot( )函数可以把这 3 种点整合在一个图中，更好地进行综合判定。注意，在删除异常观测值之前要谨慎处理，特别是对于数据集较小的情况。删除异常观测值后需要重新拟合模型并验证假设条件是否满足。

(4)对于线性模型的改进，可以采取变量变换、添加或删除变量以及使用其他回归方法等方法。其中，变量变换可以用来改善不符合正态性、线性或同方差性假设的情况；添加对预测敏感的变量和删除对预测不敏感的变量可以改善模型的拟合度；使用其他回归方法如 Lasso 回归、岭回归、稳健回归模型、非参数回归模型、非线性回归模型和专用于误差结构的模型(如时间序列模型或者多层次回归模型)等，可应对不同的模型假定条件不满足的情况。进行模型改进需要根据具体情况选择合适的方法，并注意前后步骤之间的相互影响，以得到更加准确的结果。

(5)使用方差膨胀因子 VIF、条件数、相关系数法可以判断是否存在多重共线性。解决方法包括增加样本容量、剔除不显著的变量、采用逐步回归法、有偏估计

(如岭回归、主成分法、偏最小二乘法、Lasso 回归)等。

(6)模型选择可以根据解释力和预测力进行评估,通过 R^2、调整 R^2、AIC、BIC、Cp 等指标来选取合适的模型。变量选择可以采用调整绝对系数 R^2、Cp 统计量、逐步回归等方法,筛选出对预测敏感的变量,减少数据集的复杂度和提高预测精度。

3.7.2 习题

【练习 1】 数据包含株高、覆盖度、NDVI 指数、生物量(表 3-1)。构建生物量与株高、覆盖度、NDVI 指数的多元线性回归模型,评价模型及对模型进行诊断。识别异常观测值,检查模型是否存在多重共线性的问题并选择合适的模型及变量。

表 3-1 株高、覆盖度、NDVI 和生物量数据

株高	覆盖度	NDVI 指数	生物量
50.24	67.47	0.78	44.36
46.91	58.15	0.68	39.86
53.12	75.38	0.92	53.11
60.89	89.26	0.97	69.14
49.33	63.26	0.72	43.17
62.85	94.1	0.98	77.35
54.22	71.43	0.84	56.19
61.05	90.02	0.99	76.07
45.76	53.81	0.62	36.09
55.13	73.46	0.83	56.29
48.23	59.82	0.69	40.87
57.88	82.79	0.93	65.56
65.13	98.01	0.95	85.31
54.66	74.87	0.85	58.37
49.89	64.34	0.73	42.28
52.17	68.96	0.8	51.28
58.08	83.94	0.94	70.96
42.06	38.27	0.41	27.13
61.33	91.34	0.98	78.54
59.27	89.96	0.97	76.69
49.56	64.84	0.74	44.21

续表 3-1

株高	覆盖度	NDVI 指数	生物量
58.83	86.09	0.96	73.86
47.1	57.97	0.67	38.67
63.72	94.11	0.99	80.92
60.19	87.33	0.95	70.32
50.38	66.3	0.77	40.82
53.62	70.41	0.82	52.43
45.68	53.47	0.61	35.95
67.55	98.17	0.95	88.29
55.27	75.68	0.85	57.69
59.68	88.48	0.97	76.51
48.58	62.8	0.72	44.23
63.14	92.13	0.98	79.08
57.01	80.93	0.93	63.35
54.27	71.93	0.82	54.12
52.82	70.03	0.81	51.12
47.11	57.95	0.66	39.82
55.08	74.28	0.84	56.39
59.15	86.53	0.96	74.29
62.17	92.9	0.99	81.33
50.94	71.06	0.78	41.98
46.26	55.35	0.64	37.92
62.47	93.95	0.99	80.29
59.22	85.41	0.96	72.26
53.21	68.87	0.8	51.75
61.39	91.56	0.98	79.68
57.66	81.09	0.93	65.88
54.89	73.95	0.84	57.23

【练习 2】 鸢尾花(iris)数据集包含 150 种鸢尾花的信息,每 50 种取自 1 个鸢尾花种(setosa,versicolour 或 virginica)。每个花的特征用下面的 5 种属性描述:萼

片长度、萼片宽度(Sepal. Width)、花瓣长度(Petal. Length)、花瓣宽度、类(Species)。

(1)多元线性回归。设因变量为萼片宽度,自变量为萼片长度、花瓣长度和花瓣宽度,建立多元线性回归方程,求解并说明所建模型的合理性(不用区分品种特性)。

(2)请分别用作图和命令行 2 种方法检查数据有无共线性。

(3)进行回归分析的诊断并给出数据中的强影响点。

第4章 主成分分析和因子分析实战

4.1 主成分分析

本章介绍两种常用的数据降维方法:主成分分析和因子分析。在众多研究领域中,当对研究对象进行描述时,常常会获得多个变量的数据。大量的数据可以对研究内容进行更为详尽的描述,但也会出现很多冗余信息。比如几种变量间存在很大的相关性,如果全部纳入后续的数据分析,不仅使分析更加复杂,也大大增加了工作量。此时,需要使用数据降维的方法来对维度进行缩减,在减少变量数的同时对研究对象进行全面的描述。主成分分析(principal component analysis,PCA)是最为常用的一种降维算法,它可以将大量的变量进行整理分析,得到几组可以最大程度涵盖原始数据信息的不相关变量,称为主成分。另一种数据降维算法叫作因子分析(factor analysis,FA),与主成分分析不同的是,它的主要思想是通过寻找几组隐藏的变量来对数据观测得到的原始变量进行解释,得到它们之间的相关关系。在自然科学领域,最为常用的是主成分分析,而因子分析在人文社科领域中应用较多。既然二者都是数据降维的手段,为何会应用在不同的领域呢?

4.1.1 主成分分析原理

降维算法对原始数据维度的要求是没有限制的,为了便于可视化展示,使用二维数据集$\{x_1, x_2, \cdots, x_m\}$(图4-1)进行原理讲解,将其由二维数据降低到一维数据。

由图4-1的数据分布趋势可以看出,该数据集存在u_1,u_2两种分布方向。其中,u_1为主方向,方差变化较大,含有更多信息。u_2为次方向,方差变化较小。使用u_1可对原数据进行一定程度上的表达,即为一种降维。降维后的结果会抹消掉u_2方向的信息,但由于该方向变化趋势较小,因此对数据精确性的表达影响较小。通过计算协方差矩阵$\boldsymbol{\Sigma}$可实现u_1、u_2的计算。协方差矩阵$\boldsymbol{\Sigma}$的计算公式如下:

$$\boldsymbol{\Sigma} = \frac{1}{m}\sum_{i=1}^{m} (x^{(i)})(x^{(i)})^{\mathrm{T}}$$

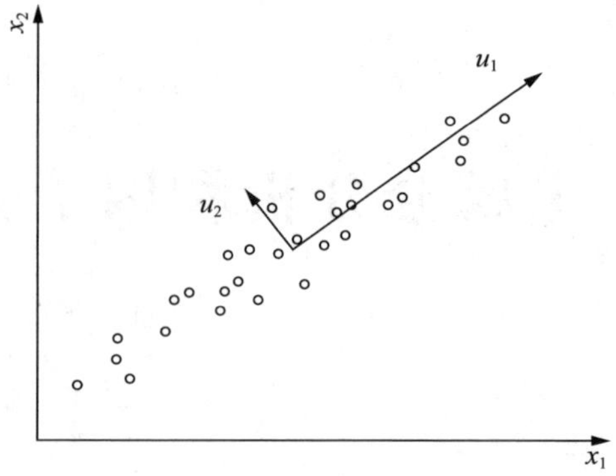

图 4-1 原始数据分布示意图

可以通过数值计算方法得到协方差矩阵 $\boldsymbol{\Sigma}$ 的特征向量及对应的特征值，特征向量的数量与矩阵维度相同。对于上文采用的二维数据案例，可得到特征向量矩阵 $\boldsymbol{U}$：

$$\boldsymbol{U}=[u_1 u_2]$$

式中，u_1 为主特征向量，对应最大的特征值，u_1 可以用来代替原数据进行降维表达。在实际应用中，当面对几十维，甚至几百维的数据时，按照特征值的大小对特征向量进行排序，选取前 n 个特征向量即可实现数据降维。

4.1.2 主成分分析流程

1.提取主成分

R 的基础安装包中提供了进行主成分分析的函数，在主成分分析流程主要采用 R 自带函数 princomp( )来进行数据处理。使用甜菜根数据进行主成分分析演示，该数据共有 7 列，前 6 列为对不同类型甜菜根根长、根宽、面积等表型信息的描述，最后一列为根型分类。可采用前 6 列组成 6 维变量进行降维处理，去掉冗余信息，采用更少的数据对甜菜根型进行描述。

在进行主成分分析之前需要先将数据进行标准化。R 中的 scale( )函数可以实现数据标准化的功能。很多主成分分析函数自带标准化的算法因此不需要提前标准化，需要结合函数参数说明再具体分析。

princomp( )函数的使用格式为：

princomp(***x***, cor=FALSE, scores=TRUE)

式中，***x*** 为使用的数据矩阵或数据框；cor 为是否使用相关矩阵计算。当 cor=T 时，输入矩阵为相关系数矩阵；当 cor=F 时，输入矩阵为协方差矩阵。在数据未进行标准化时，应设置 cor=T，默认选项为 cor=F。scores 为是否输出成分得分。

采用如下代码实现主成分分析：

```
> df<-read.csv("beetroot_data1.csv",header = TRUE)
> pca<-princomp(df[,-7],cor = TRUE)
```

2. 主成分分析结果

采用 summary( )函数可以展示出主成分分析得到的结果信息。

```
> summary(pca,loadings = TRUE)
Importance of components:
                          Comp.1    Comp.2     Comp.3
Standard deviation      2.251830 0.7839109 0.43254850
Proportion of Variance 0.845123 0.1024194 0.03118303
Cumulative Proportion  0.845123 0.9475423 0.97872538
                            Comp.4      Comp.5
Standard deviation     0.29429116 0.175243454
Proportion of Variance 0.01443455 0.005118378
Cumulative Proportion  0.99315993 0.998278307
                            Comp.6
Standard deviation     0.101637374
Proportion of Variance 0.001721693
Cumulative Proportion  1.000000000

Loadings:
             Comp.1 Comp.2 Comp.3 Comp.4 Comp.5
row.width     0.421  0.213  0.379  0.728  0.201
acros.width   0.422  0.209  0.382 -0.680  0.332
length        0.307 -0.916  0.170         0.130
project.area  0.433  0.254               -0.265
convexhull    0.437        -0.196        -0.756
biomass       0.415        -0.796         0.436
             Comp.6
row.width     0.251
acros.width   0.245
length       -0.144
project.area -0.817
convexhull    0.434
biomass
```

在得到的主成分分析结果中，standard deviation 行表示主成分的标准差，即相对的特征值结果的开方。proportion of variance 表示方差的贡献率，即该主成分可以表达原数据多少的信息，占比越大就在原始数据中占据更重要的位置。cumulative proportion 则表示方差的累积贡献率，用来确定主成分的数量，如例中前 2 个主成分的累积贡献率已经达到了 94.8%，则可以选择前 2 个主成分作为降维的结果。

此外，由于 summary( )函数的参数中选择了 loadings=TRUE，因此结果输出了载荷的内容。载荷是指得到的主成分对应于原始数据变量的解释程度，可以将抽象的主成分分析结果与实际变量联系起来进行说明，代表不同主成分对变量的代表性强弱。

3. 选择主成分个数

主成分的保留是主成分分析中重要的一环。保留越多的主成分，对原数据的描述越精确，但同时也会降低降维的效果，若选取的主成分数量少，则可能无法对原数据进行完整表达。上文提到通过累积贡献率确定主成分的数量，此外，另一个常用的判断方法是绘制碎石图。这类图形展示了特征值与主成分个数之间的关系，寻找曲线变化最大的地方，根据需求保留适当的主成分个数。screeplot( )是 R 中自带的绘制主成分分析碎石图的代码，其使用格式为：

screeplot(***x***, npcs＝length(***x*** $ sdev), type＝"lines")

式中，***x*** 是由 princomp( )得到的主成分分析结果；npcs 是画出主成分的个数[length(***x*** $ sdev)是指 ***x*** 的全部主成分个数]；type 是指画出的碎石图的类型，如"lines"为折线图，"barplot"为直方图。

采用如下代码对甜菜根数据得到的主成分分析结果进行碎石图的绘制。

```
> screeplot(pca,type = "lines")
```

由主成分分析碎石图(图 4-2)可知，曲线在第三主成分后不存在较大转折，则可选择前 2 个主成分作为降维结果。

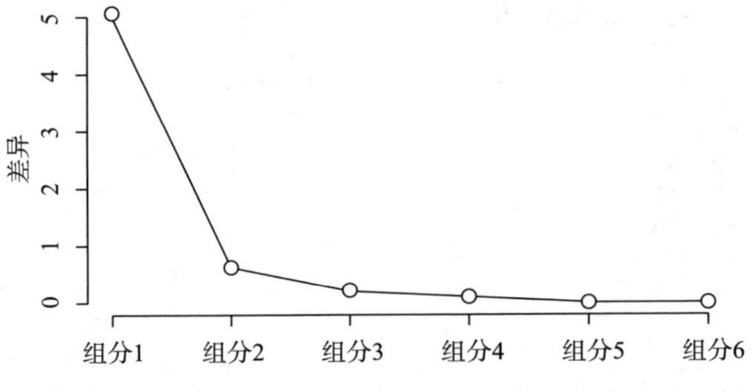

图 4-2　主成分分析碎石图

4.1.3　R 语言中其他主成分分析功能实现

除了 R 语言中自带的 princomp( )函数，还有许多其他的 R 语言包具有主成分分析的功能，不仅可以进行主成分分析的复杂计算，还自带众多的可视化方法，可输出特征化的图像结果。以下介绍 R 语言中的 FactoMineR 与 factoextra 包。Facto-

MineR 包主要进行主成分分析，factoextra 包负责结果的可视化，并且 factoextra 包中的函数也可对 princomp( )函数的结果进行可视化。

使用 FactoMineR 与 factoextra 包对甜菜根数据前 20 行进行主成分分析，代码如下。

```
> library(factoextra)
> library(FactoMineR)
> #利用FactoMineR包中PCA函数进行PCA分析
> pca1<-PCA(df[1:20,-7],scale.unit = T, ncp = 5, graph = T)
```

除得到一些主成分分析常规数值结果外，该函数自动输出了第一主成分和第二主成分与各个变量的相关程度。

在图 4-3 中，同向的变量表示正相关，异向的表示负相关。箭头越远离原点、越靠近圆圈表明主成分对该变量的代表性越高。

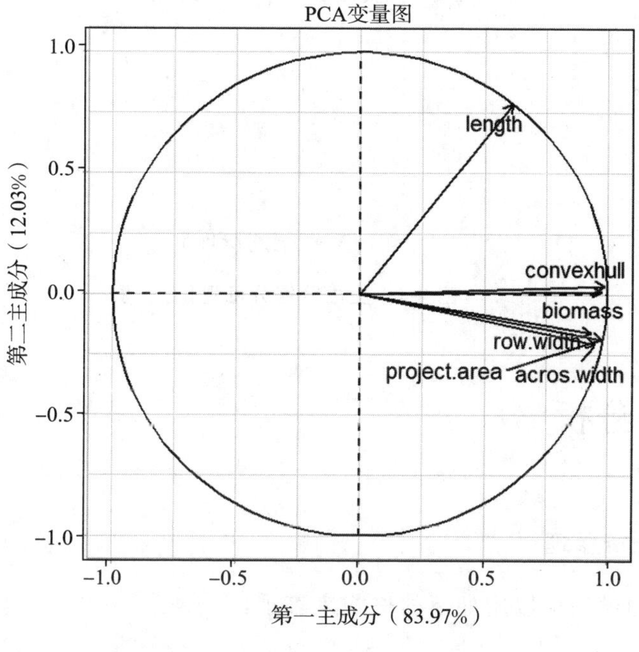

图 4-3 变量相关性可视化图

标准化后的数据与特征向量矩阵的乘积可得到每个观测值的得分，众多主成分计算的函数都可以输出该值。使用 factoextra 包中 fviz_pca_ind( )函数对主成分得分进行可视化。

```
> fviz_pca_ind(pca1)
```

图 4-4 横坐标为各个样本在第一主成分下的得分,纵坐标为各个样本在第二主成分下的得分。将 2 个主成分的得分以散点图的形式展现出来可以明显看出不同样本之间存在的差异,可用于聚类分析等后续工作。

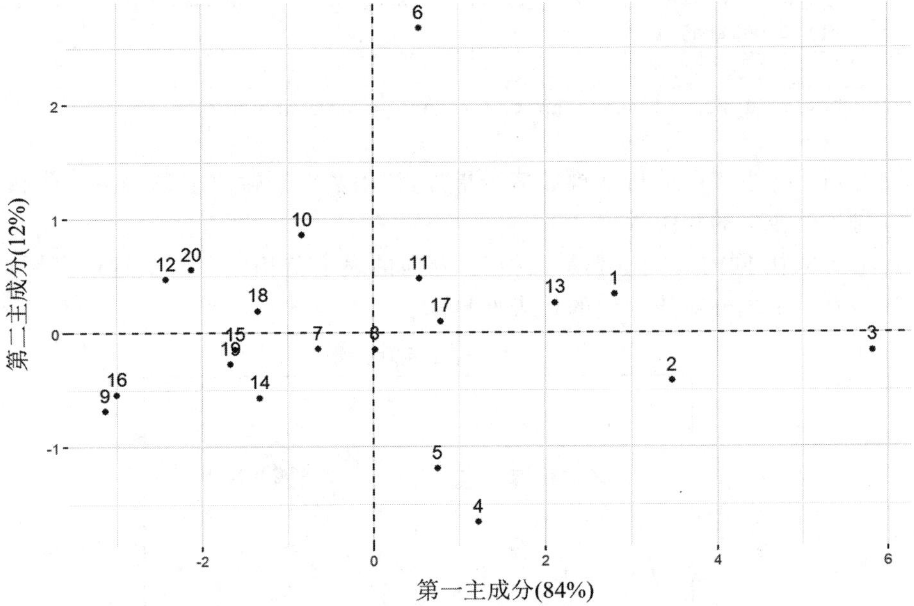

图 4-4 主成分得分可视化

4.2 因子分析

4.2.1 因子分析原理

因子分析的模型可以用如下的格式来表示:

$$X_i = a_1 F_1 + a_2 F_2 + \cdots + a_p F_p + U_i$$

式中,X_i 表示原始数据中第 i 个变量($i=1,2,\cdots,k$);F_j 表示因子分析中的公共因子($j=1,2,\cdots,p$)。由于因子分析的本质是进行数据降维,因此公共因子的数量 p 一定小于原始数据中存在的变量数 k。每个公共因子 F_j 前乘上的系数 a_j 称为因子载荷,表示的是该因子对此变量结果做出的贡献值。模型最后添加的 U_i 为特殊因子,该因子只对变量 X_i 的结果产生影响,因此只存在于这一变量的模型中。

尽管因子分析和主成分分析都同为数据降维算法,它们的分析过程也非常类似，但从该模型可以直观地看出，因子分析与主成分分析的本质差异在于：因子分析是从假设出发的。首先假设存在几个无法观测到的潜在变量，在它们的作用下，可以观察到诸多原始变量中的数据结果。以下用一个通俗易懂的例子进行解释：一个学生在体测中参加了众多的项目，如跳远、跑步、肺活量、铅球等，如果该学生在这几个项目中都取得了较好的成绩，则可以合理猜测该学生的肌肉力量较高、耐力较好等。在这几个因子的复合影响下，该同学得到了具体体测项目的优异成绩，这就是因子分析。因子分析又分为 R 型因子分析和 Q 型因子分析两类。它们的区别在于：R 型因子分析是研究数据变量之间的相关关系，寻找控制数据变量的公共因子；Q 型因子分析则是对样本之间的相关关系进行研究，寻找控制数据样本的公共因子。两种算法的数据处理方法都是相同的，面对不同的数据集和数据分析需求，可以按照实际情况选择合适的因子分析方法。

4.2.2 因子分析流程

R 中提供了进行因子分析的函数：factanal( )，其使用格式为：

factanal[***x***, factors, scores＝c("none", "regression", "Bartlett"), rotation＝"varimax"…]

式中，***x*** 为输入的原始数据，factors 为公共因子的个数，scores 为计算因子得分的方法，rotation 为是否进行因子旋转与选择的旋转方法。在此如果不使用该函数演示因子分析，则可以选用更为灵活便捷的 psych 包，或使用 factanal( )函数进行计算，并与 psych 包中的函数进行对比。这一小节同样使用甜菜根数据(beetroot_data1.csv)的前 6 列组成的六维变量来进行因子分析的演示。

1.判断需提取的公共因子数

要进行因子分析首先要明确需要提取的公共因子数。这一点与主成分分析类似，但是在因子分析中，这一步更为重要。在前面提到过，因子分析是从假设出发的，需要提前对所提取的公共因子数量进行判断。psych 包中的 fa. parallel( )函数可以生成碎石图，用以选择因子数量，其使用格式为：

fa. parallel(***x***, n. obs＝NULL, fa＝"both", n. iter＝20, main＝"Parallel Analysis Scree Plots")

式中，***x*** 为相关系数矩阵。n. obs 为样本量。fa 可以选择展示主成分分析还是因子分析的结果。若展示主成分分析结果，则选择 fa＝"pc"。若展示因子分析结果，则选择 fa＝"fa"。若同时展示，则选择 fa＝"both"。n. iter 为进行模拟分析的次数。main 为碎石图的标题。

从该函数的输入可以看出，使用 fa. parallel( )函数需要输入相关系数矩阵，因此在运行该函数之前需要先由原始数据计算得到相关系数矩阵,可以使用 R 语言中的 cor( )函数来进行转化计算。

采用以下代码来判断甜菜根数据需要保留的因子数。

```
> correlations<-cor(df[,-7])
> fa.parallel(correlations,n.obs = 207, fa = "fa", n.ite
r = 100, main = "碎石图")
```

和主成分分析的碎石图分析类似,通过因子分析的碎石图也可以判断出需要保留的因子数目。由图 4-5 可知,第一个特征值较大,第二个特征值后曲线的下降幅度几乎不出现变化,因此可以保留 2 个因子。另外,在进行因子数目选择的时候,尽量选择大一些的因子数目,原因是因子数更多的时候,对真实结果的解释可以更加精确。对因子数目的选择比较自由,也可以根据实际情况进行调整。

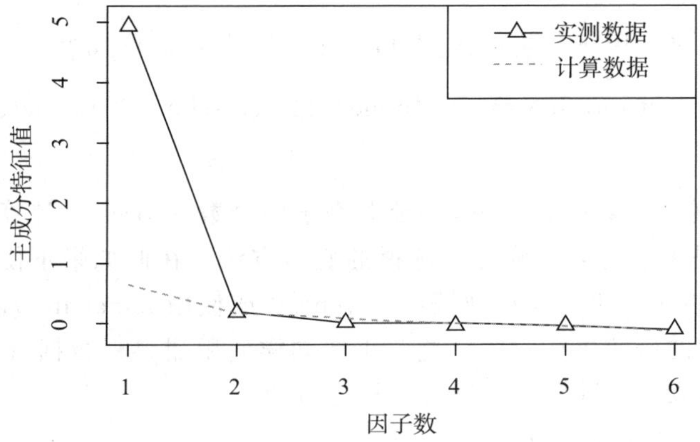

图 4-5　因子分析碎石图

2. 提取公共因子

在决定了要选择多少因子进行降维后,就可以开始提取公共因子了。psych 包中的 fa( )函数可以实现以上功能,它和之前提到的 R 的内置函数 factanal( )的功能类似,其使用格式为:

fa(***x***, *n*factors=, n. obs=, rotate=, scores=, fm=)

式中,***x*** 为相关系数矩阵或原始数据矩阵;*n*factors 为设定提取的因子数目,默认为 1。n. obs 为样本量,如果输入的数据为相关系数矩阵的时候需要填写;rotate 为因子旋转的方法;scores 为计算因子得分,默认不计算;fm 为设定因子化方法,此处可以选择最大似然法(ml)、主轴迭代法(pa)、加权最小二乘法(wls)等多种方法,其中应用最多的是最大似然法。

采用如下代码进行甜菜根数据公共因子的提取,提取因子数目设定为 2。

```
> fa(df[,-7],nfactors = 2,rotate = "none", fm = "ml")
Factor Analysis using method =  ml
Call: fa(r = df[, -7], nfactors = 2, rotate = "none", fm
= "ml")
Standardized loadings (pattern matrix) based upon correl
ation matrix
              ML1   ML2   h2     u2 com
row.width    0.94 -0.17 0.92 0.0803 1.1
acros.width  0.95 -0.15 0.93 0.0740 1.1
length       0.63  0.55 0.69 0.3054 2.0
project.area 0.99 -0.15 1.00 0.0046 1.0
convexhull   0.98  0.16 1.00 0.0048 1.1
biomass      0.93  0.12 0.88 0.1201 1.0

                       ML1  ML2
SS loadings           5.00 0.41
Proportion Var        0.83 0.07
Cumulative Var        0.83 0.90
Proportion Explained  0.92 0.08
Cumulative Proportion 0.92 1.00
```

由以上结果可得知,两个因子的累积方差贡献率达到了 100%,说明所有的变化都可以被这两个因子所解释。结果表明使用的甜菜根数据较为简单,可以将所有的变量降维到两种公共因子。一般来说,如果累计方差贡献率达到了 80%,就可以认为达到了需要的降维效果,此时输出的因子个数就是较优的因子个数。也可以通过多次尝试来确定最终选择多少个公共因子,这是另一种因子数目的选择方法。另外,由输出的因子载荷阵可知,除了 length 变量在第二公共因子上的载荷率更大,其他的所有变量几乎都可由第一个公共因子进行解释。

在上文提到,fa( )函数可以通过参数控制是否输出因子得分,还可以同时输出得分系数。不过不像精准计算的主成分分析,因子分析的得分是由估计得到的,因此只能作为结果的参考。在本章开始的时候曾经提出过一个问题请大家思考,为何因子分析在人文社科领域中应用较多,而很少应用在自然科学领域中呢?

4.2.3 因子旋转

由于因子的载荷阵并不唯一,因此需要对因子载荷进行旋转。简要来说,因子旋转是通过坐标变换使每个原始变量之间存在更为密切的关系,紧密地结合在公共因子之下。其目的是使得因子载荷阵的结果得到简化,以便解释每个公共因子的意义,进一步分析出因子分析得到的实际背景下的结果。目前常用的因子旋转方法有正交旋转法、四次方最大法、方差最大法和等量最大法。采用以下代码来进行甜菜根数据公共因子的旋转,采用的方法为正交旋转法。

```
> fa(df[,-7],nfactors = 2,rotate = "varimax", fm = "ml")
Factor Analysis using method =  ml
Call: fa(r = df[, -7], nfactors = 2, rotate = "varimax",
fm = "ml")
Standardized loadings (pattern matrix) based upon correl
ation matrix
              ML1  ML2   h2     u2 com
row.width     0.90 0.33 0.92 0.0803 1.3
acros.width   0.90 0.35 0.93 0.0740 1.3
length        0.27 0.79 0.69 0.3054 1.2
project.area  0.93 0.37 1.00 0.0046 1.3
convexhull    0.77 0.63 1.00 0.0048 1.9
biomass       0.74 0.57 0.88 0.1201 1.9

                       ML1  ML2
SS loadings           3.69 1.72
Proportion Var        0.62 0.29
Cumulative Var        0.62 0.90
Proportion Explained  0.68 0.32
Cumulative Proportion 0.68 1.00
```

对比未经过旋转得到的结果,可以发现输出的两个公共因子的累计方差改变了,第二公共因子的解释能力有所增加,并且两次输出的载荷阵也产生了变化。一般来说,经过因子旋转后的结果会变得更好解释。如果旋转的结果并不尽如人意,也可以选择其他的因子旋转方法。

4.2.4 因子分析可视化方法

在通过 fa( )函数获得因子分析结果后,可以通过一些其他的函数将结果可视化,来进行更为直观的分析。psych 包内置了 fa. diagram( )和 factor. plot( )函数,它们可以将 fa( )得到的结果以图像的形式输出。

采用如下代码来进行甜菜根数据因子分析结果的可视化。

```
> fa<-fa(df[,-7],nfactors = 2,rotate = "varimax", fm =
"ml")
> fa.diagram(fa,labels = rownames(fa$loadings))
> factor.plot(fa,labels = rownames(fa$loadings))
```

从图 4-6 和图 4-7 可以直观地看出,两个公共因子对数据中的众多变量的解释程度。其中图 4-6 侧重于简要展示变量与因子之间的关系,而图 4-7 的结果图则更为具体。从图中可以得知,第一公共因子控制了 project. area、acros. width、row. width 3 个变量,第二公共因子控制了 length 变量,剩下两个变量对两个公共因子都有响应。

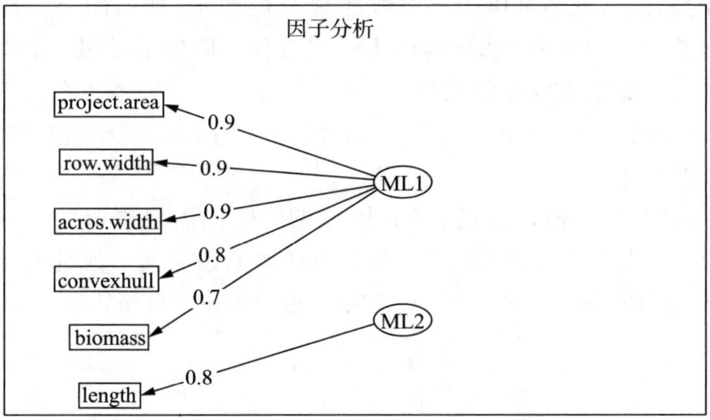

图 4-6 fa. diagram 得到的因子分析可视化结果

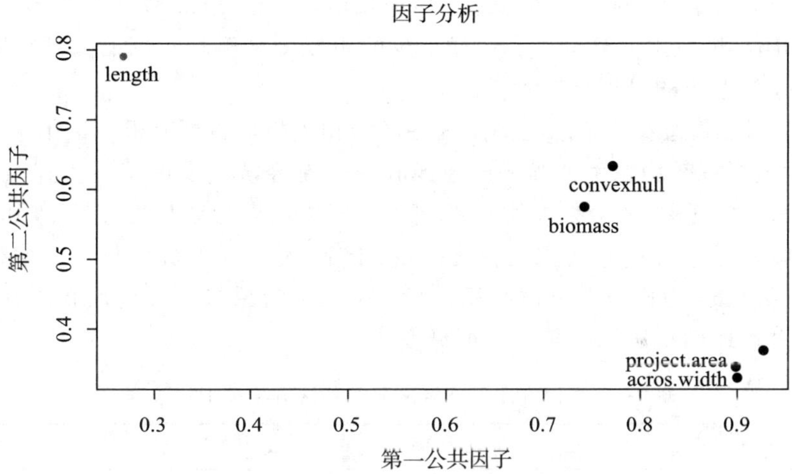

图 4-7 factor. plot 得到的因子分析可视化结果

4.3 本章小结与习题

4.3.1 本章小结

(1)在进行主成分分析之前需要先将数据进行标准化。R 语言中的 scale( )函数可以实现数据标准化的功能。

(2)方差的累积贡献率可以用来选择主成分的数量,如前两个主成分的累积贡献率已经达到了95%,则可以选择前两个主成分作为降维的结果。同时也可以通过绘制碎石图来选择保留主成分的数量。

(3)R语言中的princomp( )函数、FactoMineR与factoextra包等都用于主成分分析的实现和可视化。

(4)与主成分分析类似,进行因子分析首先要明确需要提取的公共因子数。但由于因子分析是从假设出发的,需要提前对所提取的公共因子数量进行判断。

(5)psych包中的fa. parallel( )、fa( )、fa. diagram( )和factor. plot( )可用于因子分析的实现。

4.3.2 习题

【练习1】 在R语言中输入代码“data(iris)”调取R中自带的鸢尾花数据集。使用鸢尾花数据集中的前4个变量(Sepal. Length、Sepal. Width、Petal. Length、Petal. Width),进行主成分分析。选择最少的主成分来解释数据的大部分变化。对结果进行任意形式的可视化展示。

【练习2】 某地农业生态经济系统各区域相关指标数据分析。运用主成分分析方法,用少量指标较为精确地描述该地区农业生态经济的发展状况。其中,x_1为人口密度(人/平方千米);x_2为人均耕地面积(公顷);x_3为森林覆盖率(%);x_4为农民人均纯收入(元/人);x_5为人均粮食产量(千克/人);x_6为经济作物占农作物播种面积比例(%),x_7为耕地占土地面积比例(%);x_8为果园与林地面积之比(%);x_9为灌溉田占耕地面积比例(%)。数据见表4-1。

表4-1 某地农业生态经济系统各区域相关指标数据

seq	x_1	x_2	x_3	x_4	x_5	x_6	x_7	x_8	x_9
1	363.912	0.352	16.101	192.11	295.34	26.724	18.492	2.231	26.262
2	141.503	1.684	24.301	1752.35	452.26	32.314	14.464	1.455	27.066
3	100.695	1.067	65.601	1181.54	270.12	18.266	0.162	7.474	12.489
4	143.739	1.336	33.205	1436.12	354.26	17.486	11.805	1.892	17.534
5	131.412	1.623	16.607	1405.09	586.59	40.683	14.401	0.303	22.932
6	68.337	2.032	76.204	1540.29	216.39	8.128	4.065	0.011	4.861
7	95.416	0.801	71.106	926.35	291.52	8.135	4.063	0.012	4.862
8	62.901	1.652	73.307	1501.24	225.25	18.352	2.645	0.034	3.201

续表 4-1

seq	x_1	x_2	x_3	x_4	x_5	x_6	x_7	x_8	x_9
9	86.624	0.841	68.904	897.36	196.37	16.861	5.176	0.055	6.167
10	91.394	0.812	66.502	911.24	226.51	18.279	5.643	0.076	4.477
11	76.912	0.858	50.302	103.52	217.09	19.793	4.881	0.001	6.165
12	51.274	1.041	64.609	968.33	181.38	4.005	4.066	0.015	5.402
13	68.831	0.836	62.804	957.14	194.04	9.110	4.484	0.002	5.790
14	77.301	0.623	60.102	824.37	188.09	19.409	5.721	5.055	8.413
15	76.948	1.022	68.001	1255.42	211.55	11.102	3.133	0.010	3.425
16	99.265	0.654	60.702	1251.03	220.91	4.383	4.615	0.011	5.593
17	118.505	0.661	63.304	1246.47	242.16	10.706	6.053	0.154	8.701
18	141.473	0.737	54.206	814.21	193.46	11.419	6.442	0.012	12.945
19	137.761	0.598	55.901	1124.05	228.44	9.521	7.881	0.069	12.651
20	117.612	1.245	54.503	805.67	175.23	18.106	5.789	0.048	8.461

第 5 章　聚类和判别分析实战

5.1　聚类分析

聚类分析和判别分析是 2 种常用的分类算法。二者存在很大的相似性，都实现对某一样本的类别划分，区别在于：聚类分析并没有精确的分类标准，也并不存在唯一正确的分类结果，仅是按照一定规则来拉开类间差距。判别分析则是存在已知分类结果的训练集，通过训练集得到分类规则，再对没有分类结果的样本进行分类。面对不同的数据和分类场景，需要按照实际情况灵活地选用分类算法。本章对聚类和判别分析的原理和流程进行介绍，并应用 R 来进行 2 种算法的演示。

5.1.1　聚类分析原理

总的来说，聚类分析是将未知分类的样本按照数据间的相似程度划分到不同类别的过程。一套完整的聚类分析流程基本分为以下几个步骤：

(1)数据预处理　与众多数据分析算法一样，在进行聚类分析前一般先要对参与计算的数据集进行处理。如果数据集变化范围非常大，会对结果造成很大影响。因此对数据进行标准化处理是极其必要的，一般选用 R 中的 scale( )函数来将数据缩放为均值为 0、标准差为 1 的数据集，再继续进行后续分析。此外，还需要将一些孤立点移除，防止异常值破坏分类结果的可靠性。

(2)定义距离　不同样本之间的相似性是类别划分的基础，因此这种相似性的定义对于聚类分析来说十分重要。最常用的距离量度是欧几里得距离，即欧氏距离。此外，还有曼哈顿距离、闵可夫斯基距离等。

(3)进行聚类　聚类算法的选择是聚类分析的核心。聚类算法主要分为 2 种类型：层次聚类分析和划分聚类分析。每种算法也都有自己的优缺点，需要根据实际情况进行选择。

接下来对两类聚类分析算法进行单独介绍。使用甜菜根数据(beetroot_data1.csv)来进行聚类分析演示，该数据共有 7 列，前 6 列为对不同类型甜菜根根长、根宽、面积等表型信息的描述，最后一列为根型分类。可采用前 6 列的根型描述信息，对所有的甜菜根进行聚类。

5.1.2　层次聚类分析

层次聚类顾名思义，是一种一层一层逐次进行聚类的方法。其主要有两种实现形式，第一种是自下向上进行聚类，即开始先把每一个样本视为单独一类，然后对相似的样本进行逐次合并；第二种是自上而下进行聚类，即开始将所有样本视为一类，然后按照类别间的差异逐次进行缩小，直到把所有类别分开。

在 R 语言中，层次聚类方法可以用 hclust( )函数来实现，其使用格式为：

hclust(d, method=" ", members=NULL)

式中，d 是 dist( )函数计算出的距离矩阵，在输入前需要先将数据输入到距离函数中进行计算，dist( )函数计算得到的是欧氏距离；method 指聚类方法，有 single、complete、average、centroid 及 ward 等多种方法可供选择。

采用如下代码对甜菜根前 20 行数据进行层次聚类分析并画树状图(图 5-1)。

```
> df<-read.csv("beetroot_data1.csv",header = TRUE)
> df1<-df[1:20,] #选取数据中前20个数据进行演示
> hc<-hclust(dist(df1[,-7]),method = "average")
> plot(hc, main = "聚类结果",xlab="数据编号",ylab="高度",sub
="",cex.lab = 1,hang = -1)
```

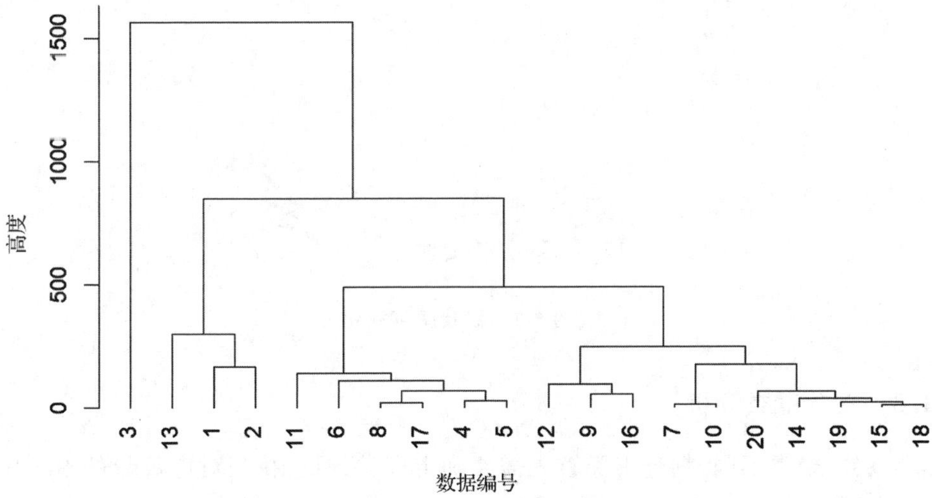

图 5-1　层级聚类结果

使用 plot( )函数可进行树状图的绘制，其中 hang 命令控制标签选项的位置，

cex 命令控制标签字符的大小。在树状图中可以根据分类树的高度,自行选择类别数量,并结合下方标签得到哪些样本可以归为同一类别。由图可知,层次聚类很适合应用于需要嵌套聚类或有意义的层次结构中。

另外,根据层次聚类这一类树状图结果,可以调用 R 中一些进行柱状图可视化的包来对图片进行美化。如 ape 包、ggtree 包等,它们主要用于生物信息领域树文件的分析以及可视化,可以对树状图进行颜色、形状等细致的设定。二者也可以结合使用,比如使用 ape 包导出数据文件再用 ggtree 包进行可视化。在这里使用 ape 包导入层次聚类得到的树状图数据,借助 ggplot2 包来绘制一个环状树状图。图 5-2 做一个简要的展示。

```
> library(ggplot2)
> library(ape)
> plot(as.phylo(hc),type="fan",cex = 0.6)
```

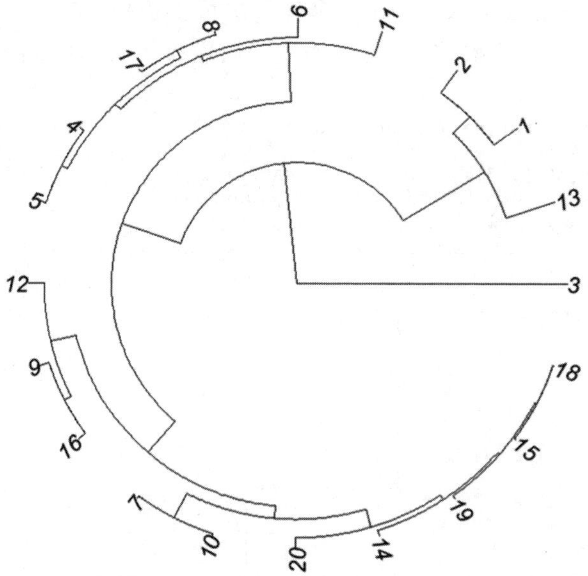

图 5-2 树状图可视化

5.1.3 划分聚类分析

与层次聚类不同,划分聚类首先需要确定聚类数量,找到对应数量的聚类中心。随后则计算每个样本点到各个聚类中心的距离,寻找最接近的中心点,并将所有样本点到中心点的距离进行求和,进行多次迭代变换中心点的位置,最后得到最佳的分类方案。常用的划分距离方法有 2 种,分别为 K-means 聚类和 K-medoids 聚类。

1. K-means 聚类

K-means 聚类即 K 均值聚类，是最为常用的聚类方法，其特点是在初始聚类中心的选取时，中心点是在空间中随机分布的，可能会在数据上，也可能不在数据上。该算法的优点在于可以高效地处理大量样本，但缺点是它的聚类方法基于均值，容易受到离群点的影响。且 K-means 聚类对中心点的选取非常敏感，初始聚类中心的选择不同会导致聚类结果出现很大差异。

在 R 语言中，K-means 聚类方法可以用 kmeans( )函数来实现，其使用格式为：

hclust[***x***, centers, iter. max=10, nstart=1, algorithm=c("Hartigan-Wong", "Lloyd", "Forgy", "MacQueen")]

其中，***x*** 表示需要进行分类的数据集；centers 为聚类中心的数目；iter. max 为最大迭代次数，默认为 10；nstart 表示初始集合配置的个数，增加 nstart 的数量后，函数会通过尝试多种配置最终选择最优结果；algorithm 是选用的算法，默认为"Hartigan-Wong"。另外，针对 K-means 算法在初始聚类中心点选择随机性的问题，可以在聚类前使用 set. seed( )函数使得对同一组数据进行重复聚类时结果不产生变化。

采用以下代码对甜菜根数据进行 K-means 聚类。

```
> #K-means
> set.seed(1234)
> df.km<-kmeans(df[,-7],3,nstart = 25)
```

df. km 中涵盖了完整的聚类结果，如"cluster"为各个样本聚类后的分类结果，"centers"为聚类中心点的位置，"size"为聚类后各个类别含有的样本数量，可分别进行查看。

```
> df.km
K-means clustering with 3 clusters of sizes 101, 38, 68

Cluster means:
  row.width acros.width   length project.area
1 12.229208    12.01119 20.90426    110.29089
2 14.590789    14.79711 23.64211    162.56579
3  9.766471     9.65500 16.46706     72.21515
  convexhull   biomass
1  1205.8044 1.3078218
2  2027.9592 2.1107895
3   627.5931 0.7666176

Clustering vector:
  [1] 2 2 2 1 1 1 1 1 3 1 1 3 1 3 3 3 1 3 3 3 3 2 3 1
 [25] 1 3 3 1 2 1 1 2 2 2 1 3 1 3 1 2 3 2 1 2 2 1 1 1
 [49] 1 1 2 2 3 1 1 1 1 1 1 3 3 1 1 1 3 2 3 1 2 1 3 1
 [73] 1 3 2 2 1 1 1 1 1 1 1 3 3 3 2 2 1 1 3 3 3 3 3 2
 [97] 3 1 3 3 3 1 1 1 3 3 1 3 3 2 3 3 3 3 3 3 3 1 1 3
```

```
[121] 3 3 1 3 3 1 2 3 1 3 1 1 2 3 1 1 1 1 1 3 1 1 3 2
[145] 3 1 1 1 3 3 1 3 3 1 1 1 1 1 1 1 1 1 2 3 1 3 1 3 1
[169] 1 1 1 2 3 1 3 2 1 1 1 1 3 1 2 1 1 1 2 1 1 1 3 2
[193] 1 1 1 2 2 2 2 2 2 3 2 1 1 1 1 2

Within cluster sum of squares by cluster:
[1] 3717946 4010532 2670322
 (between_SS / total_SS =  82.3 %)

Available components:

[1] "cluster"      "centers"      "totss"
[4] "withinss"     "tot.withinss" "betweenss"
[7] "size"         "iter"         "ifault"
```

另外，使用 factoextra 包可以对聚类分析结果进行一些可视化处理。fviz_cluster( )可对聚类结果进行直观展示，用二维图像的方式呈现出各个类别样本的距离关系(即相似程度和差异程度)；fviz_nbclust( )函数可在聚类前使用，用以确定最佳聚类个数。该函数的结果图中，横坐标为不同的聚类数目，纵坐标为总误差平方和。通过二者关系可以找到聚类数目确定为多少时，聚类的优度不再显著增加，此时则为最佳的聚类数目。

```
> library(factoextra)
> fviz_cluster(df.km,data=df[,-7])
> fviz_nbclust(df[,-7],kmeans, method = "wss")
```

fviz_cluster( )函数的设定比较复杂，其可以对聚类框的形状、颜色以及标签进行具体的设定，从而实现更为复杂、精致的可视化结果，如图 5-3 至图 5-5 所示。

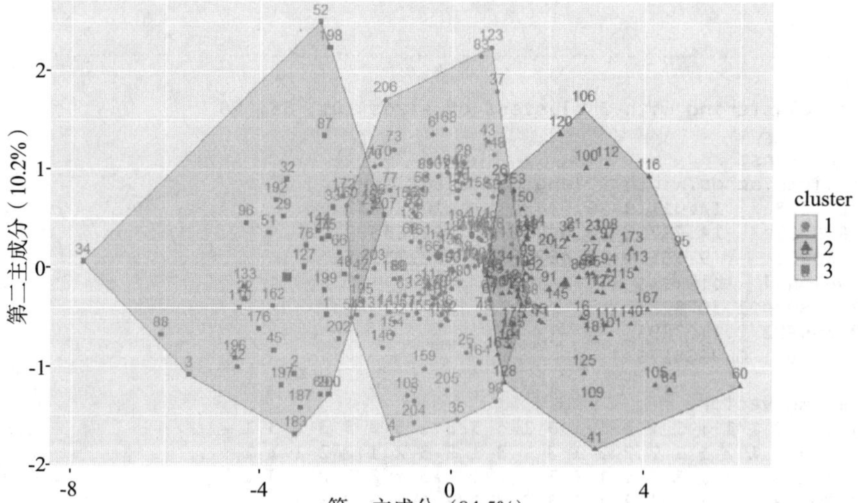

图 5-3　fviz_cluster( )函数可视化结果

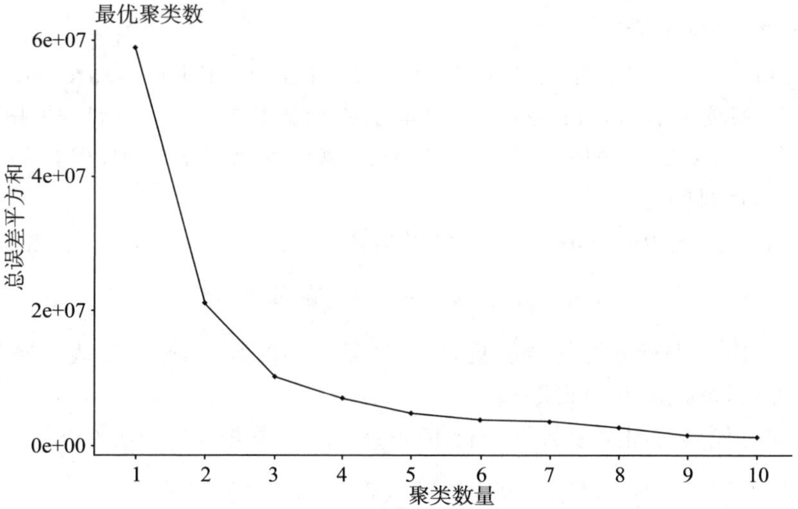

图 5-4　fviz_nbclust( )函数可视化结果

```
> library(factoextra)
> fviz_cluster(df.km,data=df[,-7])
> fviz_nbclust(df[,-7],kmeans, method = "wss")
>
> fviz_cluster(df.km,data = df[,-7],
+              palette = c("#3333CC","#009999","#FF001
6"),
+              ellipse.type = "euclid",
+              star.plot = TRUE,
+              repel = TRUE,
+              ggtheme = theme_minimal())
```

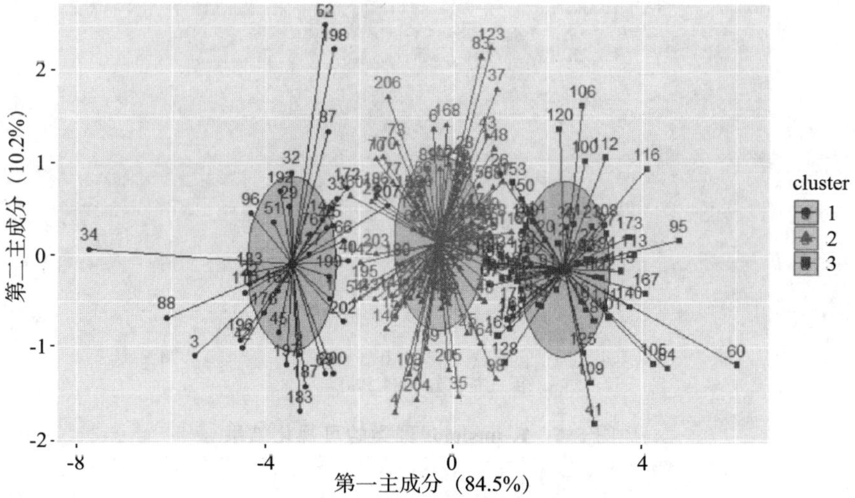

图 5-5　fviz_cluster( )函数可视化结果

2. K-medoids 聚类

K-medoids 聚类方法也称为围绕中心点划分(partitioning around medoids, PAM)算法,相较于 K-means 方法,它只能从原始数据样本中进行取值来作为聚类中心。由于没有采用平均值进行计算,其受到离群点的影响较小,但是相对来说伸缩性较差,运算时间也较长。

使用 cluster 包中的 pam( )函数可以实现 K-medoids 聚类,其使用格式为:

pam(data, k, metric="euclidean")

式中,data 为需要进行分类的数据集,k 为聚类中心的数目,metric 表示算法使用的距离度量方法,默认欧几里得距离。

采用如下代码对甜菜根数据进行 K-medoids 聚类并查看聚类结果。

```
> library(cluster)
> df.kmd<-pam(df[,-7],3)
> fviz_cluster(df.kmd,data=df[,-7])
```

与 K-means 聚类一样,同样可以用 fviz_cluster( )来对结果进行可视化的表达(图 5-6),并对比一下其与 K-means 聚类结果的差异。

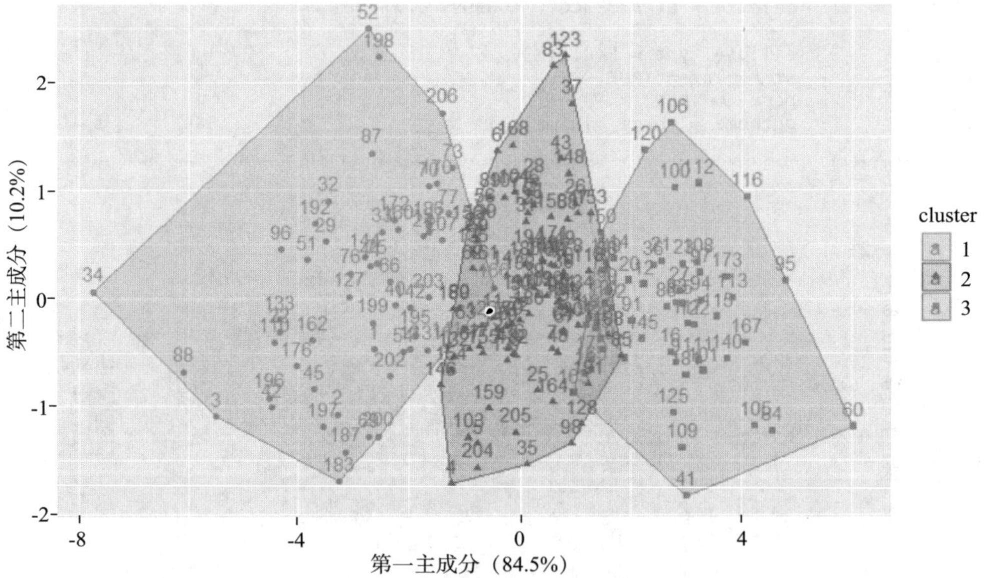

图 5-6 K-medoids 聚类的可视化结果

5.2 判别分析

判别分析是一种对个体所属群体进行判别归类的算法。比如对于不同品种的苹果果实,它们的糖分含量、维生素含量、酸度含量、形状色泽等多种指标已经测得,就可以根据这些指标和它们所属品种的对应关系建立一个判别函数,当获得一个未知品种的苹果时,就可以根据该苹果的各种指标以及之前训练得到的判别函数,对该苹果所属的品种进行预测。判别分析算法在自然科学的许多领域都得到了非常广泛的应用。在这里,主要介绍 3 种常用的判别分析方法:距离判别、Fisher 判别和 Bayes 判别法。本节继续采用甜菜根数据(beetroot_data1. csv)来进行判别分析演示,该数据共有 7 列,前 6 列为对不同类型甜菜根根长、根宽、面积等表型信息的描述,最后一列为根型分类,因此可以作为已知分类的训练集进行训练。

5.2.1 距离判别

距离判别是以样本间的距离作为标准来对分类进行判别的算法,即计算未知样本到 2 个已知群体的距离,根据距离远近来判定样本的归属。因此,在距离判别中,最重要的是选择合适的距离计算方法。常见的距离度量有欧氏距离、闵可夫斯基距离等。该算法需要考虑样本方差的影响,因此最常采用马氏距离(Mahalanobis 距离)进行计算。

可使用 WMDB 包中的 wmd( )函数来进行判别分析,代码如下:

```
> #距离判别
> library(WMDB)
> df<-read.csv("beetroot_data1.csv",header=TRUE)
> df[,7]<-chartr("ABCD","1234",df[,7]) #类别数据转化为数值类型
> df[,7]<-as.factor(df[,7])
> wmd(df[,1:6],df[,7]) #函数中输入训练集的数据及对于训练样本的分类
```

需要注意的是,由于 wmd( )函数并没有指定训练集和测试集,因此在 wmd( )函数输出的结果中,包含了对所有样本分类的结果。"num of wrong judgement"表示判别错误的样本编号;"samples divided to"表示错误的归类结果;"samples actually belongs to"表示样本的真实类别;"percent of right judgement"表示判别结果的正确率。

由结果可知,本数据集使用该方法判别精度并不高,仅有 17.9%。

```
[1] "num of wrong judgement"
  [1]   1   2   3   4   6   7   8   9  10  11  13  14
 [13]  15  16  17  18  19  20  22  24  25  26  27  28
 [25]  29  30  31  32  33  34  35  36  38  39  40  41
 [37]  42  44  45  46  47  48  49  50  51  52  53  54
 [49]  56  59  60  61  62  63  64  66  68  69  70  71
 [61]  73  74  75  76  77  79  80  81  82  83  84  85
 [73]  86  87  88  89  90  91  92  96  98  99 101 102
 [85] 104 105 107 110 111 112 114 118 119 121 123 124
 [97] 125 126 127 128 129 130 131 132 133 134 135 136
[109] 137 138 139 141 142 143 144 146 147 148 149 150
[121] 151 153 154 155 156 158 159 160 161 163 164 165
[133] 166 168 169 170 171 172 174 175 176 177 178 179
[145] 180 181 182 183 184 185 186 187 188 189 190 191
[157] 192 193 194 195 196 197 198 199 201 202 203 204
[169] 206 207
[1] "samples divided to"
  [1] 2 2 2 1 2 4 4 4 4 1 2 4 4 4 1 4 4 4 2 2 4 1 4 2
 [25] 2 4 4 2 2 2 4 4 4 4 2 4 2 2 2 2 4 4 4 4 2 2 4 3
 [49] 2 2 3 4 2 2 2 2 2 2 2 4 2 3 2 2 2 4 2 2 2 2 4 4
 [73] 4 2 2 2 4 4 4 2 4 3 4 4 1 4 2 2 4 3 4 4 4 2 2 4
 [97] 4 2 2 4 2 4 2 1 2 4 2 4 2 2 2 2 1 3 2 2 2 2 4 3
[121] 2 3 1 4 2 2 2 1 1 4 2 4 2 1 2 2 4 2 2 4 2 2 4 3
[145] 2 4 2 3 4 2 2 2 4 1 2 4 2 2 2 1 2 2 2 2 4 2 2 4
[169] 2 2
[1] "samples actually belongs to"
  [1] 1 1 1 2 4 3 3 3 1 4 1 3 3 3 3 3 3 1 1 4 3 4 3 4
 [25] 4 3 1 4 4 4 2 3 3 3 1 2 3 1 4 4 3 3 3 1 1 4 1 1
 [49] 1 1 2 1 1 1 1 1 1 1 1 4 1 4 1 1 1 3 1 1 4 1 4 3 1
 [73] 3 4 1 4 2 3 3 4 2 4 3 3 4 2 1 3 3 4 3 3 3 3 4 3
 [97] 2 1 1 2 4 3 1 3 4 1 1 1 1 3 4 3 3 4 1 3 3 4 3 4
[121] 4 4 3 1 4 4 3 4 4 1 1 1 4 4 3 4 3 1 1 1 1 1 1 4
[145] 1 1 4 1 2 4 4 3 2 3 3 2 1 1 1 4 1 1 3 1 3 1 3 2
[169] 4 3
Levels: 1 2 3 4
[1] "percent of right judgement"
[1] 0.178744
```

5.2.2 Bayes 判别

Bayes 判别的分类原理基于统计学，用到了经典的贝叶斯公式。该算法首先假定一个先验概率来判断样本的归属，随后用训练集里已知分类的样本数据来修正假定的先验概率分布，得到后验概率，以此再进行后续的统计推断。由于该方法运用了统计学原理，如果要使用 Bayes 判别，则数据需要满足 3 个假设条件：变量服从多元正态分布、各组协方差矩阵相等以及各组变量均值存在显著性差异。

使用 e1071 包中的 naiveBayes( )可进行 Bayes 判别，计算过程如下。

```
> #贝叶斯判别
> library(e1071)
> df<-read.csv("beetroot_data1.csv",header=TRUE)
> df[,7]<-chartr("ABCD","1234",df[,7]) #类别数据转化为数值
类型
> df[,7]<-as.factor(df[,7])
> model<-naiveBayes(group~.,data=df) #数据中的group列为样本
的分类结果列
> pre<-predict(model,df) #使用得到的模型再一次进行预测验证
> tab<-table(pre,df[,7])
> tab

pre  1  2  3  4
  1 41  6 15 15
  2  0  3  1  0
  3 18 10 55 12
  4  7  0  3 21
> sum(diag(tab))/sum(tab)
[1] 0.5797101
```

以上计算过程采用了 R 语言中的 table( )函数将预测结果和实际结果进行展示,并计算得到使用 Bayes 判别的判别精度为 58%。table( )函数得到的结果中,每一列代表判别分析对样本的划分结果,而每一行则代表了原始数据的真实类别。它在机器学习中被称为混淆矩阵(confusion matrix),可以从中很清晰地看出判别精度的偏差主要出现在哪一类中,以及分类器在判别上主要会混淆哪些类别。另外,也可以通过准确度来具体对精度进行定义,即预测正确的样本数目占样本总量的比例,从而得到与上一小节的距离判别相同的预测精度结果。对比可知,Bayes 判别较距离判别优度更高。

5.2.3　Fisher 判别

Fisher 判别的原理是将具有高维度的数据投影到低维空间中,使得投影后的样本在不同类别间具有良好的分离性。从原理上看 Fisher 判别和主成分分析有一定相似之处,都是运用了投影的原理将数据进行了降维。不过 2 种算法的侧重点不同,主成分分析需要保存更多的信息,不考虑数据是否能够分离。而 Fisher 判别则需要保证样本间具有较大的类间距离和较小的类内距离,以达到分类的目的。与 Bayes 判别不同,Fisher 判别对数据的分布、方差等没有限制,因此相对来说其应用范围更加广泛。使用 MASS 包中的 lda( )函数可进行 Fisher 判别。MASS 包是 R 语言自带的,无须进行安装,计算过程如下。

```
> #Fisher判别
> library(MASS)
> df<-read.csv("beetroot_data1.csv",header=TRUE)
> df[,7]<-chartr("ABCD","1234",df[,7]) #类别数据转化为数值
类型
> df[,7]<-as.factor(df[,7])
> ld<-lda(group~.,data=df) #数据中的group列为样本的分类结果列
> pre<-predict(ld,df) #使用得到的模型再一次进行预测验证
> tab<-table(pre$class,df[,7])
> tab

     1  2  3  4
  1 39  3 15  8
  2  1  9  2  0
  3 18  7 52  7
  4  8  0  5 33
> sum(diag(tab))/sum(tab)
[1] 0.6425121
```

由以上结果可知，使用 Fisher 判别的判别精度为 64%，超过了上文提到的另外 2 种判别分析算法。目前使用的 lda( )函数，其算法也叫线性判别分析，即使用线性判别函数来对投影的样本进行分类。面对更加复杂的数据集时，使用线性判别可能效果不佳，此时，也可以使用非线性的方法进行分类。在 R 中，可使用 MASS 包的 qda( )函数来实现，其调用方法与以上几种判别分析算法差别不大，大家也可以自己尝试一下，看看判别精度是否会出现提升。

5.2.4 判别分析可视化方法

在上文中已经可以通过构建混淆矩阵，对判别结果进行初步观察。但是在 R 语言中可以使用一些自带的画图函数以及一些 R 包，将判别结果进行进一步展示。以前面得到的 Fisher 判别的结果来进行一些常用的可视化分析。

1)使用最简单的 plot( )函数

首先，直接将 Fisher 判别得到的结果输入 plot( )函数中，这样可以得到在前 3 个线性判别函数下的分类结果。其次，用 dimen 参数指定只考虑第一线性判别函数，绘制出每一类的矩形图和概率密度曲线。

```
> plot(ld)
> plot(ld,dimen = 1,type="both")
```

使用 plot( )函数得到的 2 类可视化结果如图 5-7 和图 5-8 所示。首先，直接将 Fisher 判别结果输入，得到了横纵坐标分别为前 3 个线性判别函数的划分结果，图 5-7 中直接标出了划分样本的组别标签，可以直接做出区分；其次，在得到的柱状图

(图5-8)中,可以看到每个类别的概率密度曲线,几类都有出现重叠的地方,如第二组和第一组、第三组都较为接近,因此在判别中容易产生混淆。

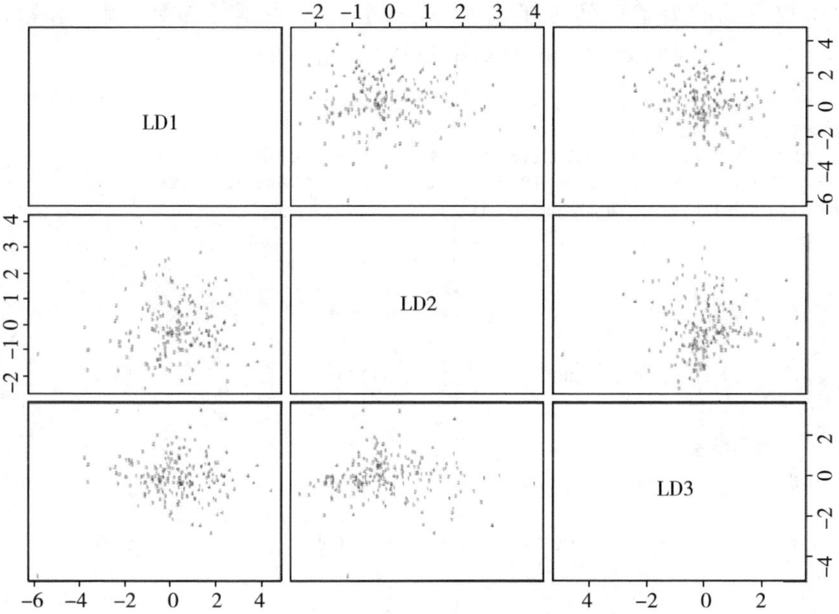

图 5-7 plot( )函数可视化 1

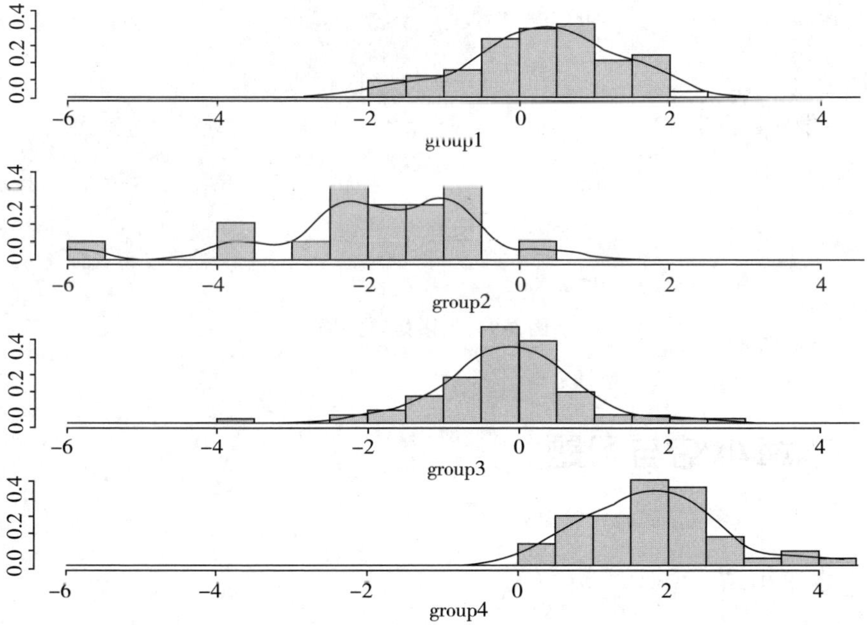

图 5-8 plot( )函数可视化 2

2)用绘制热图的方式

R 语言中的 pheatmap 包中的 pheatmap( )函数可以进行热图的绘制，将通过 table( )函数得到的混淆矩阵直接输入，并且进行一些图像参数、颜色参数的设置，就可以得到一个美观的判别分析混淆矩阵热图(图 5-9)。

```
> library(pheatmap)
> pheatmap::pheatmap(tab, cluster_row=FALSE, cluster_col
= FALSE, display_numbers = TRUE,color = colorRampPalette
(colors = c("white","orange"))(10))
```

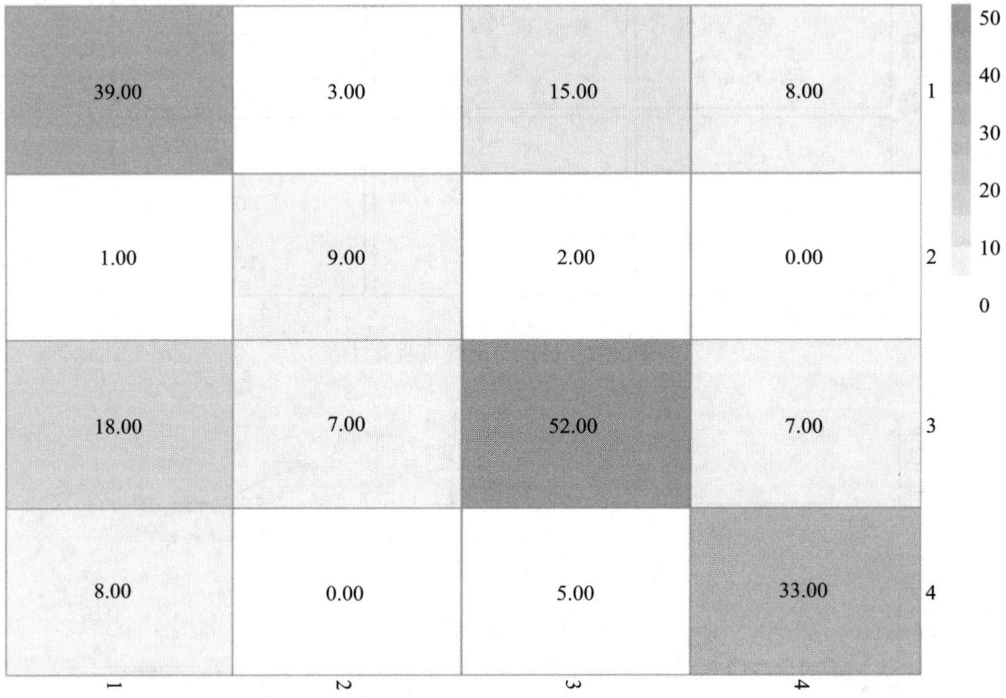

图 5-9　混淆矩阵热图

5.3　本章小结与习题

5.3.1　本章小结

(1)聚类分析所使用的数据仅仅包含样本的数据指标，可以根据采用的方法和具体的数据情况自己选择将这些样本分成多少类，属于无监督学习。

(2)判别分析需要存在明确类别的训练样本，在已知分类结果的样本中得到正确的分类规则后再对未知样本分类，属于监督学习。

(3)完整的聚类分析流程分为数据预处理、定义距离、进行聚类 3 步。

(4)在 R 语言中，层次聚类方法可以用 hclust( )函数来实现，K-means 聚类方法可以用 kmeans( )函数来实现。

(5)3 种常用的判别分析方法为距离判别、Fisher 判别和 Bayes 判别法。可以通过构建混淆矩阵，对判别结果进行初步观察。

5.3.2 习题

【练习 1】 在 R 中输入代码“data(iris)”调取 R 中自带的鸢尾花数据集。对鸢尾花数据集进行聚类分析，使用 kmeans 函数将 150 个花分成 3 类，对结果进行可视化展示。

【练习 2】 以 rattle 包中的 wine 数据集为例，用 K-means 和 PAM 方法进行聚类分析(wine 数据集包含 178 种意大利葡萄酒中 13 种化学成分)。

【练习 3】 某气象站预报有无春旱的数据资料(表 5-1)，x_1 和 x_2 是两个综合性预报因子。表中给出了有春旱的 6 个年份数据和无春旱 8 个年份数据。它们的先验分布用各组数据出现的比例(6/14，8/14)来估计，并假设误判损失相等。试用 Fisher 和 Bayes 判别法对数据进行分析。

表 5-1 某气象站有无春旱的数据资料

组别	G	x_1	x_2
春旱	1	24.8	−2
	1	24.1	−2.4
	1	26.6	−3
	1	23.5	−1.9
	1	25.5	−2.1
	1	27.4	−3.1
无春旱	2	22.1	−0.7
	2	21.6	−1.4
	2	22	−0.8
	2	22.8	−1.6
	2	22.7	−1.5
	2	21.5	−1

续表 5-1

组别	G	x_1	x_2
无春旱	2	22.1	−1.2
	2	21.4	−1.3

【练习 4】 使用 lda 函数对鸢尾花数据集进行花朵品种的判别分析，输出混淆矩阵，并对结果进行可视化展示。

第 6 章　机器学习实战

6.1　机器学习简介

机器学习(machine learning)的理论框架来源于人类的思考过程。人类思考过程通常可以概化为 3 个阶段,即观察、归纳和预测。人类通过观察新的现象,结合大脑中已有的经验,归纳出该现象具备的特定规律,并基于该规律来预测未来可能发生的现象。与人类思考过程相对应,机器学习的理论框架也可分为 3 个过程,分别为输入、训练和预测。利用大量的历史数据不断训练模型,提高模型的精准度,通过输入新的数据运用模型预测其未知属性(图 6-1)。

图 6-1　人类思考和机器学习理论框架

机器学习是人工智能的一个重要领域,它是概率论、统计学、计算机科学的交叉学科。对于诸多具体任务而言,只要收集到足够多的高质量样本数据,我们就能利用机器学习技术构建出达到或接近人类顶级专家水准的模型,对事物的未来发展趋势或未知属性进行预测。

随着机器学习理论和技术的迅速发展,其在图像识别、语音识别等领域都取得了较好的应用效果。目前,机器学习技术已经广泛应用于数据挖掘、计算机视觉、自然语言处理、语音识别、笔迹识别、医学诊断、搜索引擎、DNA 序列测序、无人驾驶、机器人等领域。

6.1.1　应用情况

机器学习技术为各领域辛勤耕耘的科研工作者们和奋斗在产业一线工程师们

提供了一个高效、便捷的基础工具。伴随着计算软硬件的迅速发展，机器学习技术已经在人脸识别、语音识别、数据挖掘、图像识别以及自然语言处理等诸多领域得到了广泛应用。

1.人脸识别

人脸识别是基于人的脸部特征信息进行身份识别的一种生物识别技术。用摄像机或摄像头采集含有人脸的图像或视频流，并自动在图像中检测和跟踪人脸，进而对检测到的人脸进行脸部识别的一系列相关技术，通常也叫做人像识别、面部识别。

人脸识别技术主要用于身份认证，具有远距离、用户非配合状态的特点，广泛应用于金融、司法、公安、边检、政府、航天、教育、医疗等。我们日常生活中使用到的手机人脸解锁、人脸支付等都是人脸识别技术的应用。

2.语音识别

语音识别技术就是让机器通过识别和理解过程把语音信号转变为相应的文本或命令的技术，是一门交叉学科。

经过多年发展，语音识别技术取得了显著进步，已广泛应用在家电、通信、医疗、汽车、消费电子产品等领域。现如今，语音识别技术已经普遍地应用于日常生活，如苹果的 Siri、小米的小爱同学、百度的小度、微软的小娜等，并在一定程度上可以实现人机无障碍交流。

3.数据挖掘

数据挖掘是指从大量的数据中通过算法搜索隐藏于其中信息的过程，通常利用统计学知识、专家经验等一系列方法达到数据挖掘的目的。

数据挖掘是通过分析大量数据集中的每个数据，寻找出数据间潜在的内在规律，以达到预判数据未来发展趋势的目的，通常包括数据准备、规律寻找和规律表征 3 个步骤。

4.图像识别

图像识别是指利用计算机对图像进行处理、分析和理解，以识别各种不同模式的目标和对象的技术。

图像识别是以图像的主要特征为基础的，每个图像都有它的特征，通常包括图像采集、图像预处理、特征提取和图像识别 4 个步骤。日常生活中使用的二维码支付、条形码购物、车辆牌照识别等都是在图像识别技术的支持下运行的。

5.自然语言处理

自然语言处理是计算机科学领域与人工智能领域中的一个重要方向，它主要利用机器学习、人工智能等理论和方法实现人与计算机之间用自然语言进行有效的通信。

自然语言处理是一门融语言学、计算机科学、数学于一体的学科。自然语言处理并不是一般地研究自然语言，而是研制能有效地实现自然语言通信的计算机系统，特别是其中的软件系统。

6.1.2　机器学习分类

机器学习技术具有多种分类方式，其中按任务类型分类和按学习方式分类最为常见。

1. 按任务类型分类

按任务类型分类，机器学习可分为回归、分类、聚类和降维等问题。

回归问题是指利用数理统计中的回归分析技术，识别变量之间的相互关系，并运用这种关系对相应变量进行预测。分类问题是机器学习最常见的一种应用，基于已有的图像或者数据特征对图像或数据进行分类，如图像分类、文本分类等。聚类问题是指利用数学模型将 1 个样本数据聚合成具有紧密关系的若干个子集或簇，这些子集或簇在模型计算过程中具有相同的特征。降维问题是指利用映射方法将多维数据映射到低维空间，以达到消除多维空间冗余信息或噪声的目的。常用的降维方法有主成分分析法(PCA)、线性判别分析(LDA)等。

2. 按学习方式分类

按学习方式分类，机器学习可分为有监督学习(supervised learning)、无监督学习(unsupervised learning)和强化学习(reinforcement learning)等。

有监督学习是指利用带有标记数据的样本训练出来的模型，利用该模型可以对新的未知结果进行预测。常见的有监督学习包含分类(classify)和回归(regression)两部分。分类主要用于处理分类问题，预测样本所属的类别；回归用于处理回归问题，预测样本结果的连续变化。

无监督学习是指利用没有标记数据的样本进行模型训练，揭示样本数据的内在规律，利用该模型可以对新的未知结果进行预测。常见无监督学习包括聚类和降维两种。

强化学习是指智能体以“试错”的方式进行学习，通过与环境进行交互而获得标量信号，即结果的好坏评价，再根据标量信号进行参数调整以适应环境。强化学习通常用于决策任务，如打败世界围棋冠军的 AlphaGo 就运用了强化学习。

6.2　机器学习应用的基本流程

6.2.1　包的安装

R 语言中涉及机器学习的包请查看 https://cran.r-project.org/web/views/

MachineLearning. html。

表 6-1 列出了 R 语言有关机器学习的包。

表 6-1　R 语言有关机器学习的包

序号	中文名称	英文名称
1	神经网络与深度学习	neural networks and deep learning
2	递归划分	recursive partitioning
3	随机森林	random forest
4	正则化和收缩法	regularized and shrinkage method
5	推进和梯度下降	boosting and gradient descent
6	支持向量机与核函数	support vector machines and kernel method
7	贝叶斯方法	bayesian method
8	遗传算法优化	optimization using genetic algorithms
9	关联规则	association rule
10	模糊规则系统	fuzzy rule-based system
11	模型选择与验证	model selection and validation
12	其他程序	other procedures
13	综合的包	meta packages
14	统计学习要素	elements of statistical learning
15	用户图形界面	graphical user interface,GUI
16	其他	others

本课程后续将用到 rpart、randomForest、kernlab 和 e1071 4 个包，安装步骤如下：

(1)install. packages("rpart")

(2)install. packages("rpart. plot")

(3)install. packages("randomForest")

(4)install. packages("kernlab")

(5)install. packages("e1071")

6.2.2　数据准备

R 语言中自带了 iris 数据集，其是一个经典数据集，在统计学习和机器学习领域都经常被用作示例。鸢尾花数据集包含 150 条鸢尾花的记录，分别属于 iris-setosa、iris-versicolour 和 iris-virginica 3 个品种，每个品种 50 条数据，每条记录都有 5 个特征：花萼长度(Sepal. Length)、花萼宽度(Sepal. Width)、花瓣长度(Petal.

Length)、花瓣宽度(Petal. Width)和品种(Species)。

我们先对数据集进行探索,使用第一章学过的 summary 函数,操作步骤如下:

```
> summary(iris)
  Sepal.Length    Sepal.Width     Petal.Length
 Min.   :4.300   Min.   :2.000   Min.   :1.000
 1st Qu.:5.100   1st Qu.:2.800   1st Qu.:1.600
 Median :5.800   Median :3.000   Median :4.350
 Mean   :5.843   Mean   :3.057   Mean   :3.758
 3rd Qu.:6.400   3rd Qu.:3.300   3rd Qu.:5.100
 Max.   :7.900   Max.   :4.400   Max.   :6.900
  Petal.Width          Species
 Min.   :0.100   setosa    :50
 1st Qu.:0.300   versicolor:50
 Median :1.300   virginica :50
 Mean   :1.199
 3rd Qu.:1.800
 Max.   :2.500
```

由上图可知,iris 数据有 5 列,前 4 列都为数值型数据,第 5 列为字符型数据。分别给出了最小值、第一四分位、中位数、平均值、第三四分位、最大值;

6.2.3 理论基础

1. 交叉验证

在有监督学习问题中,一般会将样本数据集分为两部分,即训练集和验证集,二者的数据都包含标注信息。通常利用训练集进行模型训练,再利用验证集对模型精准度进行验证,选出验证集数据表现较好的模型。

交叉验证(cross-validation)是将样本数据集随机地换分为 n 个相互无交集的数据子集,然后每次利用其中的 $n-1$ 个数据子集作为训练集,剩下的 1 个数据子集作为验证集,将有 n 种训练和验证组合的数据对模型进行训练和验证,最终选出 n 次评测中平均测试误差最小的模型。

当 $n=10$ 时,交叉验证即为十折交叉验证;当 $n=$样本数据集样本量(k)时,交叉验证就称为留一交叉验证,即样本中 $k-1$ 数据被用来训练模型,1 个数据用来验证模型。

2. 循环验证方法

循环结构(图 6-2)就是满足某个条件之前反复执行的一个语句序列。这个语句序列叫作循环。

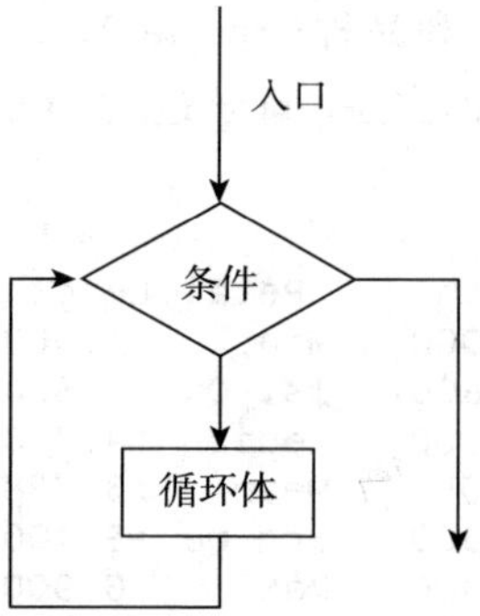

图 6-2　循环结构图

与 C 语言、python 类似，R 语言中也可以实现循环功能。R 语言中常用 while 和 for 两种循环结构。

while 循环通常用于无法确定循环次数的情况，调用格式如下：

```
while(条件){
       循环体
}
```

例如，使用 while 循环打印 10 以内的正整数。

```
> i=1
> while(i<=10){
+   print(i)
+   i=i+1
+ }
[1] 1
[1] 2
[1] 3
[1] 4
[1] 5
[1] 6
[1] 7
[1] 8
[1] 9
[1] 10
```

for 循环通常用于能确定循环次数的情况，调用格式如下：

```
for(变量 in 变量){
           循环体
}
```

实现与 while 循环相同的功能，打印出 1 到 10 的数字，R 语言命令如下：

```
> for (i in 1:10) {
+   print(i)
+ }
[1] 1
[1] 2
[1] 3
[1] 4
[1] 5
[1] 6
[1] 7
[1] 8
[1] 9
[1] 10
```

在机器学习实践中，可以使用 for 循环进行数据集的读取，用于模型的交叉验证以及重复预测。以 iris 数据集为例，我们使用 for 循环打印出 iris 数据集第 1 列前 10 行数据，步骤如下：

```
> for (i in 1:10) {
+   print(iris[i,])
+ }
  Sepal.Length Sepal.Width Petal.Length Petal.Width Species
1          5.1         3.5          1.4         0.2  setosa
  Sepal.Length Sepal.Width Petal.Length Petal.Width Species
2          4.9           3          1.4         0.2  setosa
  Sepal.Length Sepal.Width Petal.Length Petal.Width Species
3          4.7         3.2          1.3         0.2  setosa
  Sepal.Length Sepal.Width Petal.Length Petal.Width Species
4          4.6         3.1          1.5         0.2  setosa
  Sepal.Length Sepal.Width Petal.Length Petal.Width Species
5            5         3.6          1.4         0.2  setosa
  Sepal.Length Sepal.Width Petal.Length Petal.Width Species
6          5.4         3.9          1.7         0.4  setosa
  Sepal.Length Sepal.Width Petal.Length Petal.Width Species
7          4.6         3.4          1.4         0.3  setosa
  Sepal.Length Sepal.Width Petal.Length Petal.Width Species
8            5         3.4          1.5         0.2  setosa
  Sepal.Length Sepal.Width Petal.Length Petal.Width Species
9          4.4         2.9          1.4         0.2  setosa
   Sepal.Length Sepal.Width Petal.Length Petal.Width Species
10          4.9         3.1          1.5         0.1  setosa
```

6.3 模型构建与应用实例

本章节使用线性判别分析、logistic 回归、决策树、随机森林、支持向量机和朴素贝叶斯 6 种算法进行模型构建。

6.3.1 线性判别分析

1. 线性判别分析简介

线性判别分析(linear discriminant analysis, LDA)用于分类问题,其基本思想是将高纬度空间的点向低纬度空间投影。线性判别分析最重要的就是选择出适当的投影轴,保证样本数据集中每一类的投影值所形成的类内距离尽可能小,而不同类之间的投影值所形成的类间距离尽可能大,从而达到分类的目的。

本书中利用 MASS 包中 lda 函数进行线性判别分析,lda 函数详情参阅https://CRAN.R-project.org/package=MASS。

lda 函数基本形式:lda(formula, data, …, subset, na.action)

部分参数说明:

formula:表示分类判别公式,如 $y \sim x_1 + x_2 + x_3$ 或者 $y \sim .$ 表示输入变量为除 y 以外的所有变量;

data:表示训练集;

subset:从训练集中选取子集建模;

na.action:缺失数据处理,默认为存在缺失值则无法进行线性判别分析过程;如设置为 na.omit,则自动删除缺失值进行线性判别分析。

2. 线性判别分析实战

本次以 iris 数据集为例,利用 MASS 包中 lda( )函数进行线性判别树分析。

(1)设置随机种子,导入 MASS 包,构建训练数据集。

```
> #1.设置随机种子,保证数据的可重复性
> set.seed(100)
> #2.导入MASS包
> library(MASS)
> #3.抽取用于建模的数据,70%的数据进行建模
> ind<-sample(1:150,105) #在150个数据中随机抽取105个
```

(2)构建线性判别模型。

```
> #4.构建线性分析模型,本次对分类进行建模
> l<-lda(Species~.,data=iris[ind,])
```

(3)查看模型结果。

```
> #5.查看模型结果
> print(l)
Call:
lda(Species ~ ., data = iris[ind, ])

Prior probabilities of groups:
    setosa versicolor  virginica
 0.3428571  0.3238095  0.3333333

Group means:
           Sepal.Length Sepal.Width Petal.Length
setosa         4.958333    3.377778     1.461111
versicolor     5.982353    2.811765     4.270588
virginica      6.522857    2.957143     5.454286
           Petal.Width
setosa       0.2638889
versicolor   1.3294118
virginica    2.0285714

Coefficients of linear discriminants:
                    LD1        LD2
Sepal.Length  0.9621136  0.149385
Sepal.Width   1.4166180 -1.726561
Petal.Length -2.3781476  1.347662
Petal.Width  -2.7405749 -3.755260

Proportion of trace:
  LD1   LD2
0.992 0.008
```

(4)模型验证。将 iris 数据集中剩余 45 个数据作为验证集,通过与线性判别分析预测结果进行比对,线性判别分析模型预测准确率达 0.96。模型预测结果表明,setosa 和 versicolor 2 个品种预测准确率最高,而 virginica 品种中有 1 条数据被识别为 versicolor 品种。

```
> #6.模型验证
> pre<-predict(l,iris[-ind,-5])
> table(pre$class,iris$Species[-ind])

             setosa versicolor virginica
  setosa         14          0         0
  versicolor      0         15         1
  virginica       0          1        14
> sum(pre$class==iris$Species[-ind])/length(pre$class)
[1] 0.9555556
```

6.3.2 决策树

1.决策树简介

决策树(decision tree)是基于树结构构建的模型,通常用于分类问题,也能进行回归分析。当输出变量是分类变量时决策树是分类树，当输出变量是连续变量时，是回归树。经典的决策树算法包括 ID3 算法、C4.5 算法、C5.0 算法、CART 算法等。本书主要从实际操作角度进行决策树实践，信息熵、信息增益和基尼系数等决策树理论可参阅相关书籍。

(1)rpart 函数　本书中利用 rpart 函数进行决策树分析，rpart 函数详情参阅 https://CRAN.R-project.org/package=rpart。rpart 函数基本形式：

rpart(formula, data, subset, na.action=na.rpart, method, parms, control, minsplit, minbucket, cp)

部分参数说明：

formula：表示分类判别公式，如 $y \sim x_1 + x_2 + x_3$ 或者 $y \sim .$ 表示输入变量为除 y 以外的所有变量；

data：表示训练集；

subset：从训练集中选取子集建模；

na.action：缺失数据处理，表示剔除缺失 y 值或者缺失的所有输入变量的数据，默认为 na.rpart。

method：表示决策树的类型，anova(用于回归树)、class(用于分类变量，对应分类树)、poisson[(用于二分类变量，对应分类树)和 exp(用于生存分析)]。

params：此参数只适用于分类变量。若 method = "class"，则 params = list(split, prior, loss)。其中，split 可取 information(信息增益分类规则)和 gini(基尼分类规则)。不同的分类规则分别对应上述不同的算法。

control：控制参数的列表，包含以下参数：

——minsplit：计算过程每个节点所包含的最小观测值数量，默认为 20。

——minbucket：一个叶节点包含的最小观测值数量，默认为 minsplit 的 1/3。

——maxcompete：默认值为 4。

——val：交叉验证的折数，在数据分析探索阶段通常设置为 0；设置为 10，表征为十折交叉验证。

——cp：复杂参数阈值。

(2)rpart.plot 函数　rpart.plot 函数用于绘制 rpart 模型。rpart.plot 函数基本形式：

rpart.plot(tree, type, fallen.leaves, branch…)

部分参数说明：

tree：绘出决策树分析的模型分支结构；

type：绘制样式，0 为默认值，在每个分节点和叶节点均画出标签；1 为在所有节点均绘出标签;2 为在节点标签下列出分节点标签;3 为在左右方向分别画出分节点标签;4 为在左右方向画出所有节点标签;5 为在节点内部画出分类变量名;

extra:显示节点的额外信息,0 为默认值,无额外信息;1 为在节点显示观察值数据数量;2 为分类模型,显示每个节点的分类率;3 为分类模型,显示每个节点的误分类率;4 为分类模型,显示每个节点每层观测值概率;5 为分类模型,与 4 相同,但不显示最优层;6 为分类模型,仅显示第二层可能性;7 为分类模型,与 6 相同,不显示最优层;8 为分类模型,最优层可能性;9 为分类模型,所有观察值的相关可能性;10 为分类模型,与 9 相同,但仅显示第二层可能性;11 为分类模型,与 10 相同,但是不显示最优层。

fallen. leaves:默认值为 FALSE。如果为 TRUE,叶节点的位置在图形的底部。

branch:控制决策树模型结构图的外观。0 为"V"形分支;1 为垂直树干形分支。

2. 决策树实践

本次以 iris 数据集为例,利用 rpart 包中 CART 算法进行决策树分析。

(1)设置随机种子,导入 rpart 包,构建训练数据集。

```
> #1.设置随机种子，保证数据的可重复性
> set.seed(100)
> #2.导入rpart包
> library(rpart)
> #3.抽取用于建模的数据，70%的数据进行建模
> ind<-sample(1:150,105) #在150个数据中随机抽取105个
```

(2)构建决策树模型。

```
> #4.构建决策树模型，本次对分类进行建模
> m<-rpart(formula = Species~.,data=iris[ind,],method =
"class")
```

(3)查看模型结果。

```
> #5.查看模型结果
> print(m)
n= 105

node), split, n, loss, yval, (yprob)
      * denotes terminal node

1) root 105 69 setosa (0.34285714 0.32380952 0.33333333)
  2) Petal.Length< 2.45 36  0 setosa (1.00000000 0.00000
000 0.00000000) *
```

```
  3) Petal.Length>=2.45 69 34 virginica (0.00000000 0.49
275362 0.50724638)
    6) Petal.Length< 4.75 32  1 versicolor (0.00000000
0.96875000 0.03125000) *
    7) Petal.Length>=4.75 37  3 virginica (0.00000000 0.
08108108 0.91891892) *
```

(4)绘制决策树模型图(图 6-3)。

```
> #6.绘制决策树模型图
> library(rpart.plot)
> rpart.plot(m)
```

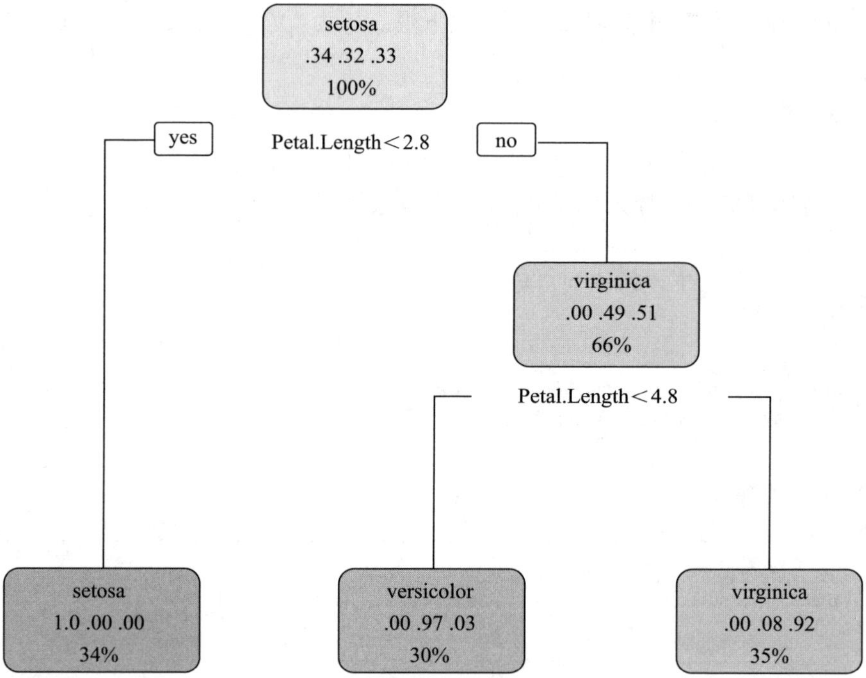

图 6-3　决策树模型图

(5)模型验证　将 iris 数据集中剩余 45 个数据作为验证集,通过与决策树预测结果进行比对,决策树模型预测准确率达 0.93。根据模型预测结果,发现 setosa 和 versicolor 2 个品种预测准确率最高,而 virginica 品种中有 3 条数据被识别为 versicolor 品种。

```
> #7.模型验证
> pre<-predict(m,iris[-ind,-5],type = "class")
> table(pre,iris$Species[-ind])

pre          setosa versicolor virginica
  setosa         14          0         0
  versicolor      0         13         0
  virginica       0          3        15
> sum(pre==iris$Species[-ind])/length(pre)
[1] 0.9333333
```

6.3.3 随机森林

1.随机森林简介

随机森林(random forest)就是通过集成学习的思想将多棵决策树集成的一种算法,它的基本单元是决策树。随机森林是由多个 CART 分类决策树构成,在构建决策树过程中,不进行任何剪枝动作,通过随机挑选观测(行)和变量(列)形成每一棵树。对于分类模型,随机森林将根据投票法为待分类样本进行分类;对于预测模型,随机森林将使用单棵树的简单平均值来预测样本的 Y 值。随机森林可用于分类和回归分析。

本书中利用 randomForest 函数进行随机森林分析,randomForest 函数详情参阅 https://CRAN.R-project.org/package=randomForest。randomForest 函数基本形式:

randomForest(formula, data=NULL, …, subset, na.action=na.fail)

部分参数说明:

formula:表示模型公式形式,如 $y \sim x_1 + x_2 + x_3$ 或者 $y \sim .$ 表示输入变量为除 y 以外的所有变量;

data:训练数据集;

subset:以向量的形式确定样本数据集;

na.action:缺失数据处理方法,默认为 na.fail;

ntree:指定随机森林所包含的决策树数目,默认为 500;

proximity:逻辑参数,是否计算模型的临近矩阵。

2.随机森林实践

本次以 iris 数据集为例,利用 randomForest 包进行随机森林分析。

(1)设置随机种子,导入 randomForest 包,构建训练数据集。

```
> #1.设置随机种子，保证数据的可重复性
> set.seed(100)
> #2.导入randomForest包
> library(randomForest)
> #3.抽取用于建模的数据，70%的数据进行建模
> ind<-sample(1:150,105) #在150个数据中随机抽取105个
```

（2）构建随机森林模型。

```
> #4.构建随机森林模型，本次对分类进行建模
> k<-randomForest(formula = Species~.,data=iris[ind,],nt
ree=100,proximity = T)
```

（3）查看模型结果。

```
> #5.查看模型结果
> print(k)

Call:
 randomForest(formula = Species ~ ., data = iris[ind, ],
ntree = 100,      proximity = T)
               Type of random forest: classification
                     Number of trees: 100
No. of variables tried at each split: 2

        OOB estimate of  error rate: 6.67%
Confusion matrix:
           setosa versicolor virginica class.error
setosa         36          0         0  0.00000000
versicolor      0         31         3  0.08823529
virginica       0          4        31  0.11428571
```

（4）绘制随机森林模型图（6-4）。

```
> #6.绘制随机森林模型图
> MDSplot(k,iris[ind,5])
```

（5）模型验证　将 iris 数据集中剩余 45 个数据作为验证集，通过与随机森林模型的预测结果进行比对，随机森林模型预测准确率达 0.96。模型预测结果表明，setosa 和 versicolor 两个品种预测准确率最高，而 virginica 品种中有一条数据被识别为 versicolor 品种。

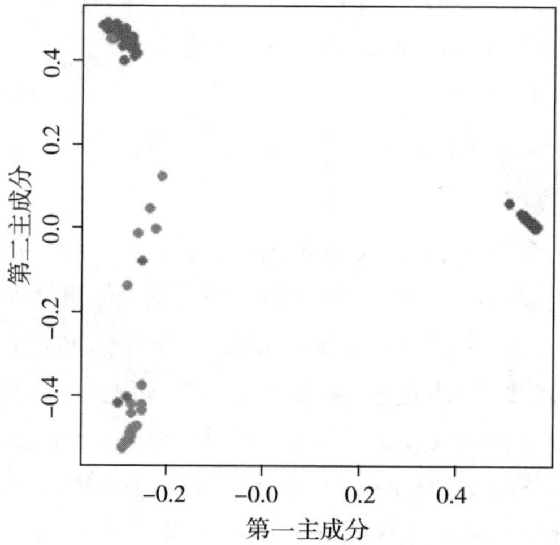

图 6-4　随机森林模型图

```
> #7.模型验证
> pre<-predict(k,iris[-ind,-5],type="class")
> table(pre,iris$Species[-ind])

pre          setosa versicolor virginica
  setosa         14          0         0
  versicolor      0         14         0
  virginica       0          2        15
> sum(pre==iris$Species[-ind])/length(pre)
[1] 0.9555556
```

6.3.4　支持向量机

1. 支持向量机简介

支持向量机(support vector machines,SV)是一种二分类模型,它的目的是寻找一个超平面来对样本进行分割,分割的原则是间隔最大化,最终转化为一个凸二次规划求解问题。当训练样本线性可分时,通过硬间隔最大化原则可构建线性可分支持向量机;当训练样本近似线性可分时,通过软间隔最大化原则可构建线性支持向量机;当训练样本线性不可分时,通过核技巧和软间隔最大化原则可构建非线性支持向量机。

本书中利用 kernlab 包中 ksvm 函数进行支持向量机分析,ksvm 函数详情参阅 https://CRAN. R-project. org/package=kernlab。ksvm 函数基本形式:

ksvm(***x***, ***y***=NULL, scaled=TRUE, type=NULL, kernel="rbfdot", kpar="automatic", C=1, nu=0. 2, epsilon=0. 1, prob. model=FALSE, class.

weights＝NULL，cross＝0，fit＝TRUE，cache＝40，tol＝0.001，shrinking＝TRUE，…，subset，na.action＝na.omit)

部分参数说明：

x:需要待拟合的训练集,可以是矩阵或者向量;

data:可选的训练数据集;

y:***x*** 每行或部分具有一个标签的响应向量;

scaled:是否标准化处理。设置 scaled＝TRUE,表明不对数据进行标准化处理;scaled＝FALSE 或不设置该参数,表明对数据进行标准化;

type:表示用于分类、回归还是检测,取决于 ***y*** 是否是一个因子;C-svc 表示 C classification,nu-svc 表示 nu classification,C-bsvc 表示 bound-constraint svm classification,spoc-svc 表示 Crammer, Singer native multi-class,kbb-svc 表示 Weston, Watkins native multi-class,one-svc 表示 novelty detection,eps-svr 表示 epsilon regression,nu-svr 表示 nu regression,eps-bsvr 表示 bound-constraint svm regression。

kernel:训练和预测过程中使用的核函数。rbfdot 表示高斯核,polydot 表示多项核,vanilladot 表示线性核,tanhdot 表示双曲正切核,laplacedot 表示拉普拉斯核,besseldot 表示贝塞尔核,anovadot 表示 ANOVA-RBF 核,splinedot 表示样条核,stringdot 表示字符核。

2. 支持向量机实践

本次以 iris 数据集为例,利用 kernlab 包进行支持向量机分析。

(1)设置随机种子,导入 kernlab 包,构建训练数据集。

```
> #支持向量机
> #1.设置随机种子，保证数据的可重复性
> set.seed(100)
> #2.导入kernlab包
> library(kernlab)
> #3.抽取用于建模的数据，70%的数据进行建模
> ind<-sample(1:150,105) #在150个数据中随机抽取105个
```

(2)构建支持向量机模型。

```
> #4.构建支持向量机模型，本次对分类进行建模
> s<-ksvm(Species~.,data=iris[ind,],C=10, type="C-svc",k
ernel="rbfdot")
```

(3)查看模型结果。

```
> #5.查看模型结果
> print(s)
Support Vector Machine object of class "ksvm"

SV type: C-svc  (classification)
 parameter : cost C = 10

Gaussian Radial Basis kernel function.
 Hyperparameter : sigma =  0.991255609285006

Number of Support Vectors : 43

Objective Function Value : -4.8906 -5.7683 -30.4334
Training error : 0
```

(4)模型验证。

```
> #6.模型验证
> pre<-predict(s,iris[-ind,-5])
> table(pre,iris$Species[-ind])

pre            setosa versicolor virginica
  setosa           14          0         0
  versicolor        0         15         1
  virginica         0          1        14
> sum(pre==iris$Species[-ind])/length(pre)
[1] 0.9555556
```

将 iris 数据集中剩余 45 个数据作为验证集,通过与支持向量机模型预测结果进行比对,支持向量机模型预测准确率达 0.96。

6.3.5 朴素贝叶斯

1.朴素贝叶斯简介

朴素贝叶斯(naive Bayesian,NB)分类源于贝叶斯理论,并在贝叶斯算法的基础上进行了相应简化。朴素贝叶斯假设样本属性之间相互独立,对于给定待分类样本,求解该样本在各类别出现的概率,哪个概率最大,则判断该样本属于哪一分类。朴素贝叶斯分类算法逻辑简单,且算法较为稳定,当数据呈现不同的特点时,该算法分类性能不会有太大的差异。

本书中利用 e1071 包中 naiveBayes 函数进行朴素贝叶斯分析,naiveBayes 函数详情参阅 https://CRAN.R-project.org/package=e1071。naiveBayes 函数基本形式:

naiveBayes(formula, data, laplace=0, …, subset, na.action=na.pass)

部分参数说明:

formula：类似一般性回归表达式，不含常数项，不允许有内部相关；

data：训练数据集；

laplace：拉普拉斯估计值，默认为 0；

subset：抽取要分析的训练数据子集；

na. action：缺失值处理方法，默认情况下不将缺失值纳入模型计算，如果设定 na. omit 则会删除缺失值进行计算。

2. 朴素贝叶斯实践

本次以 iris 数据集为例，利用 e1071 包进行朴素贝叶斯分析。

(1)设置随机种子，导入 e1071 包，构建训练数据集。

```
> #1.设置随机种子，保证数据的可重复性
> set.seed(100)
> #2.导入e1071包
> library(e1071)
> #3.抽取用于建模的数据，70%的数据进行建模
> ind<-sample(1:150,105) #在150个数据中随机抽取105个
```

(2)构建朴素贝叶斯模型。

```
> #4.构建朴素贝叶斯模型，本次对分类进行建模
> n<-naiveBayes(Species~.,data=iris[ind,])
```

(3)查看模型结果。

```
> #5.查看模型结果
> print(n)

Naive Bayes Classifier for Discrete Predictors

Call:
naiveBayes.default(x = X, y = Y, laplace = laplace)

A-priori probabilities:
Y
    setosa versicolor  virginica
 0.3428571  0.3238095  0.3333333

Conditional probabilities:
            Sepal.Length
Y                [,1]      [,2]
  setosa     4.958333 0.3612478
  versicolor 5.982353 0.5143225
  virginica  6.522857 0.6566787

            Sepal.Width
Y                [,1]      [,2]
  setosa     3.377778 0.3696416
```

```
  versicolor 2.811765 0.3226450
  virginica  2.957143 0.3310284

          Petal.Length
Y                [,1]      [,2]
  setosa     1.461111 0.1916511
  versicolor 4.270588 0.4379909
  virginica  5.454286 0.5457552

          Petal.Width
Y                 [,1]      [,2]
  setosa     0.2638889 0.1046157
  versicolor 1.3294118 0.1992857
  virginica  2.0285714 0.2803060
```

(4)模型验证。将 iris 数据集中剩余 45 个数据作为验证集,通过与朴素贝叶斯预测结果进行比对,朴素贝叶斯模型预测准确率达 0.98。模型预测结果表明,setosa 和 versicolor 2 个品种预测准确率最高,而 virginica 品种中有一条数据被识别为 versicolor 品种。

```
> #6.模型验证
> pre<-predict(n,iris[-ind,-5],type="class")
> table(pre,iris$Species[-ind])

pre          setosa versicolor virginica
  setosa         14          0         0
  versicolor      0         16         1
  virginica       0          0        14
> sum(pre==iris$Species[-ind])/length(pre)
[1] 0.9777778
```

6.4 模型对比

基于 iris 数据集对比线性判别、决策树、随机森林、支持向量机和朴素贝叶斯 5 种分类模型预测结果的精度。

6.4.1 导入 R 语言包

分别导入 MASS、rpart、randomForest、kernlab 和 e1071 5 个包。

```
> #各模型对比
> #1.导入需要的R语言扩展包
> library(MASS)
> library(rpart)
```

```
> library(rpart.plot)
> library(randomForest)
> library(kernlab)
> library(e1071)
```

6.4.2 预测模型构建及预测

以 iris 数据集为例,利用 for 循环控制 100 次模型构建及预测,并将线性判别分析、决策树、随机森林、支持向量机和朴素贝叶斯 5 个分类模型的预测结果分别存入二维矩阵 result 中。

```
> #2.应用线性判别分析、决策树、随机森林、支持向量机和朴素贝叶斯5种
方法预测精度对比
> result<-matrix(0,nrow = 100,ncol=5,)
> colnames(result)<-c("线性判别分析","决策树","随机森林","支
持向量机","朴素贝叶斯")
> for (i in 1:100) {
+   ind<-sample(1:150,105)
+   #a.线性判别分析
+   m1<-lda(Species~.,data = iris[ind,])
+   pre1<-predict(m1,iris[-ind,-5])
+   result[i,1]<-sum(pre1$class==iris$Species[-ind])/len
gth(pre1$class)
+   #b.决策树
+   m2<-rpart(formula = Species~.,data = iris[ind,],meth
od = "class")
+   pre2<-predict(m2,iris[-ind,-5],type="class")
+   result[i,2]<-sum(pre2==iris$Species[-ind])/length(pr
e2)
+   #c.随机森林
+   m3<-randomForest(Species~.,data = iris[ind,],ntree=1
00,proximity=T)
+   pre3<-predict(m3,iris[-ind,-5])
+   result[i,3]<-sum(pre3==iris$Species[-ind])/length(pr
e3)
+   #d.支持向量机
+   m4<-ksvm(x=Species~.,iris[ind,],C=10,type="C-svc",ke
rnel="rbfdot")
+   pre4<-predict(m4,iris[-ind,-5])
+   result[i,4]<-sum(pre4==iris$Species[-ind])/length(pr
e4)
+   #e.朴素贝叶斯
+   m5<-naiveBayes(Species~.,data=iris[ind,])
+   pre5<-predict(m5,iris[-ind,-5])
+   result[i,5]<-sum(pre5==iris$Species[-ind])/length(pr
e5)
+
+ }
```

6.4.3 模型精度对比分析

为了比较各模型的预测精度，本次我们对每个模型运行了 100 次，并将 100 次模型的预测精度存入了 result 变量，采用 mean()函数计算得到每个模型 100 次预测精度的平均值，得到线性判别分析、决策树、随机森林、支持向量机和朴素贝叶斯 5 个模型精度平均值分别约为 0.98，0.94、0.95、0.94 和 0.95(图 6-5)。由上可知，线性判别分析模型预测精度最高。

```
> #3.计算各模型的精度
> colMeans(result)
线性判别分析          决策树        随机森林      支持向量机
   0.9802222     0.9377778     0.9542222     0.9433333
  朴素贝叶斯
   0.9546667
```

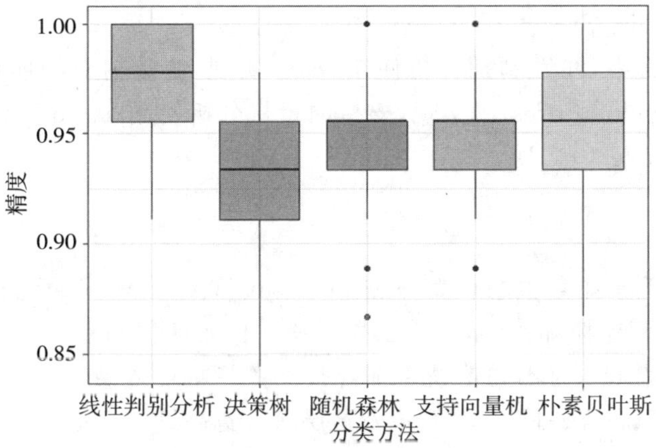

图 6-5 模型精度对比图

6.5 本章小结与习题

6.5.1 本章小结

(1)机器学习的理论框架也可分为 3 个过程，分别为输入、训练和预测。利用大量的历史数据不断训练模型，提高模型的精准度，通过输入新的数据运用模型预测其未知属性。

(2)线性判别分析模型用于分类问题，其最重要的就是选择出适当的投影轴，保证样本数据集中每一类的投影值所形成的类内距离尽可能小,而不同类之间的投影值所形成的类间距离尽可能大,从而达到分类的目的。

(3)决策树模型既可用于分类问题,也能进行回归分析。当输出变量是分类变量时决策树是分类树,当输出变量是连续变量时,是回归树。

(4)多个决策树模型即可构建成随机森林模型,可用于分类和回归分析。对于分类模型,随机森林将根据投票法为待分类样本进行分类;对于预测模型,随机森林将使用单棵树的简单平均值来预测样本的 Y 值。

(5)支持向量机是一种二分类模型,它的目的是寻找一个超平面来对样本进行分割,分割的原则是间隔最大化,最终转化为一个凸二次规划求解问题。可根据训练样本线性可分情形,建立不同的支持向量机模型。

(6)朴素贝叶斯分类源于贝叶斯理论,并在贝叶斯算法的基础上进行了相应简化,对于给定待分类样本,求解该样本在各类别出现的概率,哪个概率最大,则判断该样本属于哪一分类。朴素贝叶斯分类算法逻辑简单,且算法较为稳定,当数据呈现不同的特点时,该算法分类性能不会有太大的差异。

(7)在 R 语言中,线性判别分析使用 lda()实现,决策树分析使用 rpart()实现,随机森林使用 randomForest()实现,支持向量机分析使用 ksvm()实现,朴素贝叶斯分析使用 naiveBayes()实现。

6.5.2 习题

【练习 1】 基于甜菜根的表型数据 beetroot_data.csv,采用随机森林和支持向量机方法进行根型建模和预测,给出误判表格。比较两种判别的精度差异。

【练习 2】 表 6-2 为不同苗情番茄叶片相关指标的测量数据。数据第 1～5 列分别为株高、顶宽、底宽、冠层最大宽以及冠层最大宽高度的测量数据。数据最后一列为该番茄的苗情:A(强)、B(中)、C(弱)。①采用支持向量机、朴素贝叶斯,以全部数据集对番茄叶形类别进行预测,给出预测结果;②比较两种方法的精度,给出分析过程。

表 6-2 番茄数据

株高	顶宽	底宽	冠层最大宽	冠层最大宽高度	番茄的苗情
10.37	5.57	7.80	16.21	3.50	A
11.15	2.68	2.46	15.28	4.79	A
10.82	8.30	2.27	15.2	4.14	A
10.82	5.56	1.58	15.03	5.19	A
9.57	6.07	5.70	13.74	4.28	A
10.89	3.84	9.55	20.51	2.21	A
10.87	7.70	5.75	18.58	0.97	A

续表 6-2

株高	顶宽	底宽	冠层最大宽	冠层最大宽高度	番茄的苗情
9.73	4.4	7.39	12.42	8.00	A
7.86	4.61	4.22	13.63	4.63	A
12.84	3.7	4.24	24.08	9.17	A
15.03	9.06	11.47	21.29	2.46	A
15.05	10.53	11.97	23.68	2.52	A
14.33	8.43	14.36	19.25	7.00	A
10.41	4.62	7.37	16.57	7.81	A
14.38	7.30	10.58	17.46	5.96	A
16.79	9.17	14.09	20.37	6.17	A
13.76	6.91	13.61	20.86	6.76	A
14.48	9.01	16.93	19.23	2.1	A
17.73	11.2	6.22	24.24	6.68	A
13.53	1.71	5.21	18.38	4.24	A
21.1	3.95	27.10	27.10	0.00	A
12.9	5.08	10.63	38.51	12.36	A
16.99	7.87	7.7	22.45	7.26	A
14.99	14.61	14.04	21.89	1.25	A
16.89	3.88	16.65	17.55	9.76	A
12.41	1.53	13.09	15.58	4.45	A
13.62	1.37	11.54	17.41	3.32	A
11.99	2.85	8.05	17.26	4.60	A
16.19	5.59	3.69	13.07	8.66	A
16.30	7.27	17.71	22.90	5.98	A
14.00	7.08	7.96	15.11	5.17	A
12.89	8.34	9.42	15.03	7.99	A
14.40	5.52	8.89	15.76	2.88	A
11.11	3.63	2.24	13.90	0.75	A
13.72	1.91	0.58	14.44	8.87	A
14.58	6.61	13.91	17.62	4.94	A
12.74	4.55	11.69	19.18	5.55	A
11.42	5.72	7.43	18.79	1.33	A
12.32	7.39	3.28	17.00	0.83	B
12.27	3.88	12.21	19.42	0.31	B
10.76	2.74	2.29	14.59	5.22	B
14.07	2	10.68	26.28	1.42	B
12.94	2.95	10.22	14.37	3.96	B
12.36	1.62	9.10	17.62	2.36	B

续表 6-2

株高	顶宽	底宽	冠层最大宽	冠层最大宽高度	番茄的苗情
10.08	4.6	15.77	17.49	6.56	B
8.32	9.19	1.19	16.45	4.32	B
13.39	4.29	7.75	17.99	4.39	B
11.99	4.4	8.76	16.64	6.43	B
10.01	6.87	7.07	19.73	0.43	B
11.12	4.66	5.30	16.87	0.35	B
13.41	6.38	2.94	27.26	3.15	B
11.09	5.64	11.94	23.28	0.64	B
10.35	5.81	3.50	17.69	0.47	B
15.43	13.36	1.42	21.35	6.78	B
10.53	3.25	5.94	13.66	3.45	B
14.68	7.01	10.34	25.33	2.12	B
10.82	3.00	33.63	33.64	4.78	B
12.99	6.42	7.10	12.87	2.63	B
8.82	8.3	4.62	15.09	5.38	B
14.75	6	14.43	16.14	1.39	B
15.44	7.33	11.80	21.41	11.80	B
6.00	0.68	2.83	37.52	0.37	C
7.21	3.43	17.59	18.55	0.05	C
7.01	6.95	5.34	13.21	0.39	C
8.21	5.83	3.53	14.07	6.26	C
9.58	4.69	5.22	14.38	4.38	C
14.66	6.39	11.42	20.74	9.55	C
9.76	9.12	6.52	13.30	7.65	C
10.32	5.24	2.83	15.75	7.03	C
8.08	4.13	2.66	11.13	5.92	C
8.91	9.33	12.28	12.29	0.02	C
6.91	3.32	4.19	9.25	4.97	C
10.20	4.50	9.84	13.20	6.67	C
4.19	2.37	4.59	13.65	0.34	C
9.59	4.50	20.8	20.92	0.05	C
12.53	4.57	11.68	17.66	3.24	C
7.71	5.04	2.74	11.73	1.64	C
10.99	9.87	4.71	11.48	5.64	C
12.65	4.28	6.07	15.19	8.43	C
13.27	6.00	9.7	14.92	0.76	C

第7章　R语言数字图像处理与分析

数字图像的处理与分析是图像信息的提取过程中至关重要的步骤，可以帮助我们提取、理解甚至改变数字图像的信息。常见的数字图像处理与分析包括以下几种操作：突出信息、噪声去除、添加信息等。R语言由于其开源的特性，拥有丰富的数字图像处理与分析函数和相关的R包，比较著名的有封装了目前最强大的开源图片处理库ImageMagick STL的magick；根据RGB色值范围查找像素点的countcolors和托管在bioconductor上的EBImage等。

7.1　数字图像概念

7.1.1　数字图像的定义

数字图像(digital image)是二维图像用有限数值像素的表示，由数组或矩阵表示。数字图像是由模拟图像数字化得到的、以像素为基本元素的、可以用数字计算机或数字电路存储和处理的图像。其中，像素(pixel)又称像元，是数字图像的基本元素。目前比较流行的图像格式包括光栅图像格式BMP、GIF、JPEG、PNG等，以及矢量图像格式WMF、SVG等。

数字图像数据处理技术是20世纪60年代随着计算机技术和超大规模集成电路(VLSI)的发展而产生、发展和不断成熟的新兴技术。图像是一种重要的数据，具有强烈的时代特征。早期图像处理的目的是改善图像质量。它以人为对象，以改善人的视觉效果为目的，输入的是质量低的图像，输出的是改善质量后的图像，目前发展到图像自动识别的新阶段。

7.1.2　数字图像的基本分类

根据数字图像每个像素在二维空间中特定“位置”的采样数目及特性的不同，可以将数字图像划分为以下几类。

二值图像：二值图像(binary image)中每个像素的亮度值(intensity)仅可以取自

0 到 1 的图像。

灰度图像：灰度图像(gray scale image)，也称为灰阶图像。图像中每个像素可以由 0(黑)到 255(白)的亮度值表示。0～255 表示不同的灰度级。

彩色图像：每幅彩色图像(color image)是由 3 幅不同颜色的灰度图像组合而成，分别为红色、绿色和蓝色。

伪彩色图像：伪彩色图像(pseudo-color image)的每个像素值实际上是一个索引值或代码，该代码值作为色彩查找表 CLUT(Color Look-Up Table)中某一项的入口地址，根据该地址可查找出包含实际 R、G、B 的强度值。这种用查找映射的方法产生的色彩称为伪彩色，生成的图像为伪彩色图像。

三维图像：三维图像(3D image)是由一组堆栈的二维图像组成。每一幅图像表示该物体的一个横截面。三维图像也用于表示在一个三维空间分布点的数据，如计算机断层扫描(computer tomography，CT)设备生成的图像，在这种情况下，每个数据都单独称作一个体素。

7.1.3 数字图像的色彩空间

色彩空间(color space)又称颜色空间、色域或彩色系统，是对色彩的组织方式。借助色彩空间和针对物理设备的测试，可以得到色彩的固定模拟和数字表示，常用的色彩空间包括 RGB、Lab 等。

1. RGB 色彩空间

RGB(红绿蓝)色彩空间是依据人眼识别的颜色定义出的空间，可表示大部分颜色。RGB 色彩空间是最通用的面向硬件的彩色模型，常用于彩色监视器和彩色视频摄像。采用原色加法混色法(图 7-1)，描述光线从暗黑开始不断叠加产生颜色，即

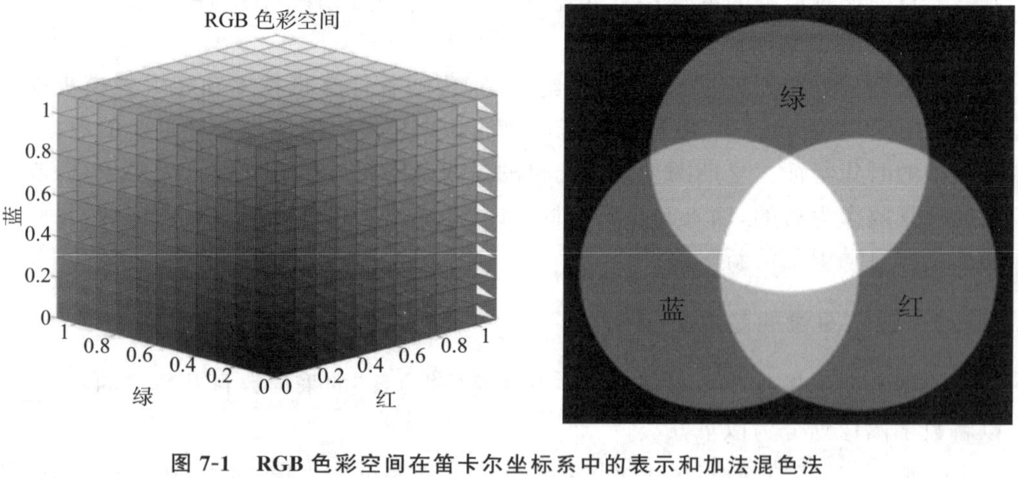

图 7-1 RGB 色彩空间在笛卡尔坐标系中的表示和加法混色法

红绿蓝三色光的数值(RGBA 是在 RGB 上增加阿尔法通道实现透明效果)。但 RGB 色彩空间没有将色调、亮度、饱和度 3 个量进行区分,在图像细节上难以进行数字化调整,故在科学研究中一般不采用 RGB 色彩空间。

2. CMY/CMYK 色彩空间

CMY/CMYK 色彩空间是工业印刷常用的色彩空间,采用减法混色法(图 7-2)。描述在白色介质(画板、页面等)上体现图像所使用的青、品红、黄和黑 4 种油墨的数值。相较于 RGB 色彩空间是来源于物体发出光,而 CMY/CMYK 色彩空间是依据反射光得到的。根据不同的油墨、介质和印刷特性,存在多种 CMY/CMYK 色彩空间。

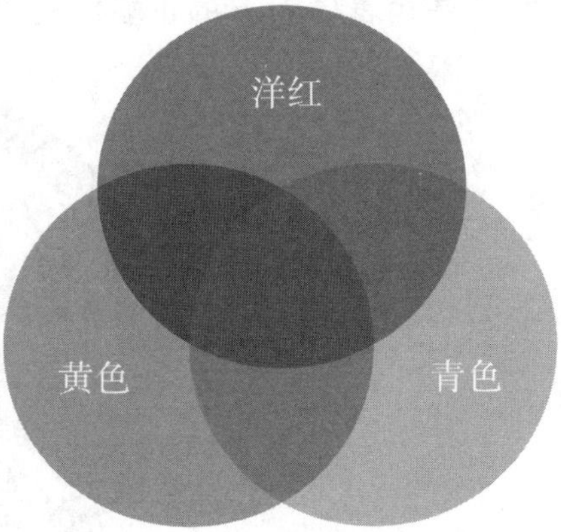

图 7-2　减法混色法

3. HSV/HSL 色彩空间

HSV 和 HSL 色彩空间(图 7-3)都是一种将 RGB 色彩空间中的点在圆柱坐标系中的表示法,基于笛卡尔坐标系 RGB 色彩空间几何结构更加直观,能够更好地用于图像的数字化处理。它们都属于 HSX 色彩空间,其中 H 表示色相或色调(hue),S 表示饱和度(saturation),X 根据不同的场景可以表示明度(value, V)或亮度(lightness, L)。色相是色彩的基本属性,即通常所说的颜色名称。饱和度指色彩的纯度,越高色彩越纯,低则逐渐变灰,在 0～100%取值。明度和亮度指颜色的相对明暗度,在 0～100%取值。

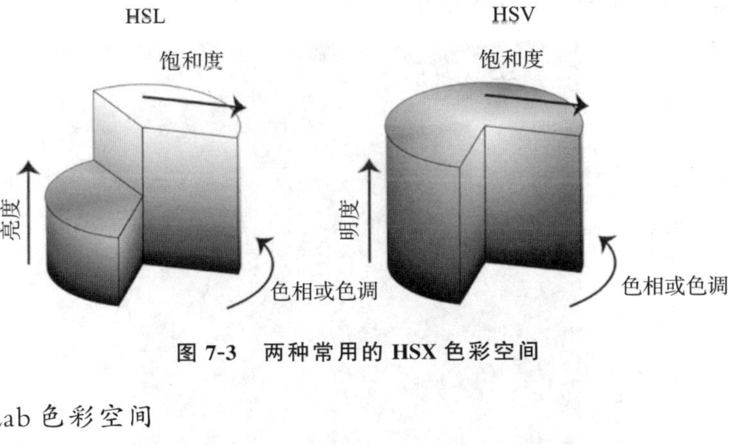

图 7-3　两种常用的 HSX 色彩空间

4. CIELab 色彩空间

CIELab 色彩空间又可以表示为 Lab,是由 CIE(国际照明委员会)制定的一种色彩模式。自然界中任何一点色都可以在 Lab 色彩空间中表达出来,它的色彩空间比 RGB 色彩空间大。以数字化方式来描述人的视觉感应，与设备无关，弥补了 RGB 和 CMYK 色彩空间必须依赖于设备色彩特性的不足。Lab 色彩空间是三维模型，它只能在三维空间中完全表现出来，其中 L 表示颜色亮度；a 的正端代表红色，负端代表绿色；b 的正端代表黄色，负端代表蓝色（图 7-4）。

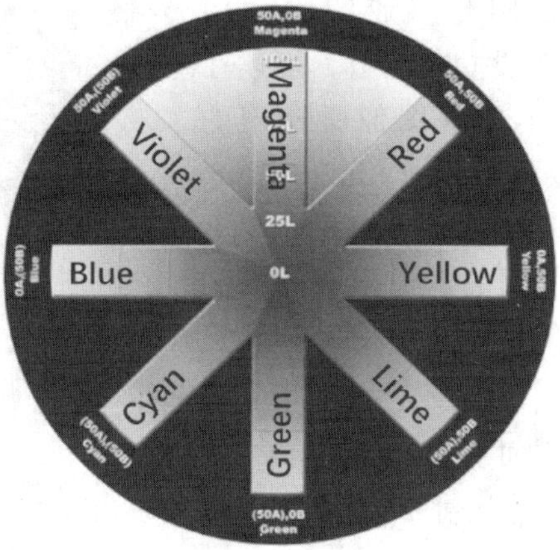

图 7-4　CIELab 色彩空间的空间表示

5. YUV/YCbCr 色彩空间

YUV 色彩空间是通过亮度—色差来描述颜色的颜色空间。相较于 RGB 色彩空间表现人眼对色彩的感应，YUV 色彩空间则着重于视觉对于亮度的敏感程度。其中 Y 表示颜色的亮度信号，UV 表示色度信号（图 7-5）。根据颜色系统和格式不同，2 种色度信号经常被称作 UV、PbPr 或 CbCr。

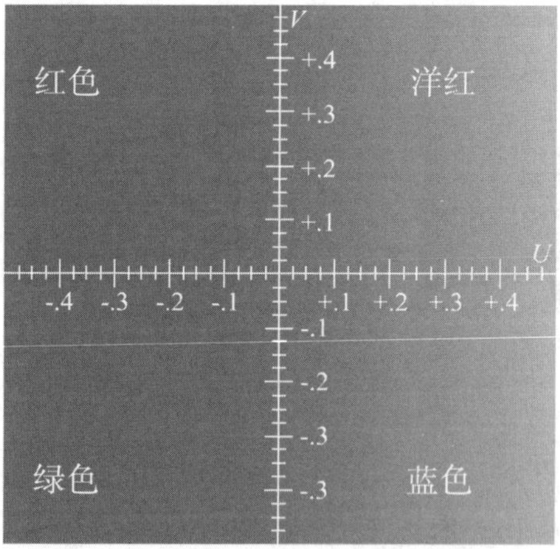

图 7-5　YUV 色彩空间中色差的空间表示

7.2 数字图像处理基本流程

7.2.1 R 语言数字图像处理的基本概念

数字图像处理是指将图像信号转换成数字信号并利用计算机对其进行处理的过程。图像处理最早出现于 20 世纪 50 年代，作为一门学科大约形成于 20 世纪 60 年代初期。一般来讲，对图像进行处理(或加工、分析)的主要目的有 3 个方面：①提高图像的视感质量，对图像进行几何变换等，以改善图像的质量。②提取图像中所包含的某些特征或特殊信息，包括频域特征、灰度或颜色特征、边界特征、区域特征、纹理特征、形状特征、拓扑特征和关系结构等。③图像数据的变换、编码和压缩，以便于图像的存储和传输。

基于这些目的，数字图像处理的工具可分为三大类：①第一类包括各种正交变换和图像滤波等方法，其共同点是将图像变换到其他域(如频域)中进行处理(如滤波)后，再变换到原来的空间(域)中。②第二类方法是直接在空间域中处理图像，它包括各种统计方法、微分方法及其他数学方法。③第三类是数学形态学运算，它不同于常用的频域和空域的方法，是建立在积分几何和随机集合论基础上的运算。

数字图像处理在国民经济的许多领域已经得到广泛的应用。其中在农业相关领域，农林部门通过遥感图像了解植物生长情况，进行估产，监视病虫害发展及治理。水利部门通过遥感图像分析，获取水害灾情的变化。气象部门用以分析气象云图，提高预报的准确程度。遥感测绘部门，使用航测或卫星获得地域地貌及地面设施等资料。

R 语言基础函数中包含着丰富的图像处理与分析的函数，此外，借助 R 语言专业、开源的优势，在 R 语言库中图像处理的包众多，常用的图像处理 R 语言包有 magick、imager、OpenImageR、imagefluency、colorfindr 以及托管在 bioconductor 上的 EBImage 等。

EBImage 图像处理包能够在 R 语言环境下进行信号处理、统计建模、机器学习和图像数据可视化。与一般的在 CRAN 上的包不同，EBImage 包本身是为医学图像分析准备的，托管在生物统计的 bioconductor 上，因此包的安装也有所不同。以下操作主要基于 EBImage 包进行。

```
> #安装EBImage包
> #install.packages("BioManager")      首次安装添加
> #BiocManager::install("EBImage")     首次安装添加
> library(EBImage)
```

7.2.2 数字图像的基本操作

1.读入图像

EBImage 中基本数字图像的读取、写入功能使用 readImage 函数实现。EBImage 目前支持 3 种主流图像文件格式:JPEG,PNG 和 TIFF,使用其他包(如 RBioFormats 包等)还可以实现对更多格式数字图像的支持。

以灰度图为例,读入图像代码如下:

```
> #读入图片
> img<-readImage("sample.png")
```

2.查看图像

导入图像后使用 display( )函数显示图像,使用鼠标或键盘快捷方式,可以放大和缩小图像、平移和循环多个图像帧。使用 hist( )函数可以显示图像的直方图(图 7-6)。

显示图像及显示图像直方图代码如下:

```
> #查看图像
> display(img)
> #显示图像直方图
> hist(img)
```

结果显示如下:

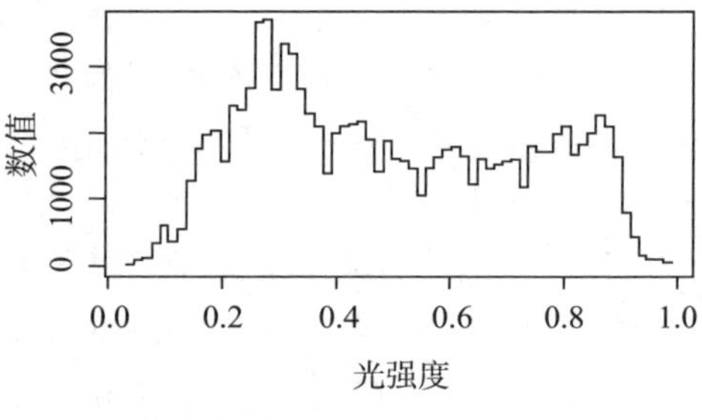

图 7-6　查看读入的图像和图像的直方图

3.保存图像

在图像处理完成后使用 writeImage( )函数可以将图像以指定格式保存到本地。其中 quality 参数可以指定保存图像的质量,参数的默认值为 100。参数越小保存文件越小,图像质量会有所降低(图 7-7)。

保存图像代码如下：

```
> #保存图像
> writeImage(img,"sample.jpeg",quality = 85)
```

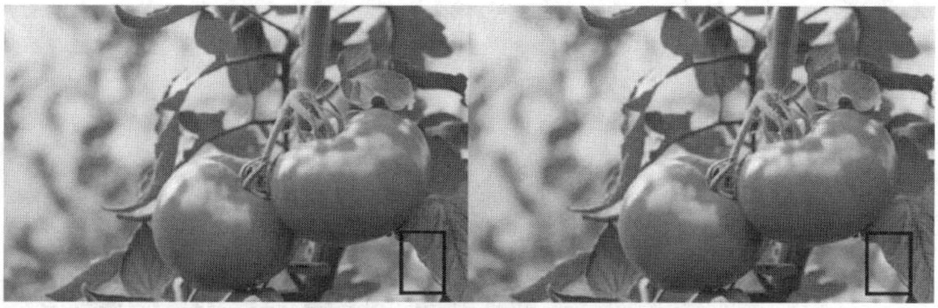

图 7-7 原图像和保存质量为 85%的图像对比

7.2.3 数字图像的数学运算

1.数字图像的加减乘除运算

数字图像是以矩阵或者数组的形式存储的，可以对其进行加减乘除的数学运算，对图像的部分颜色特征进行强调和减弱，突出某些特征（图 7-8）。

图像的加减乘除运算代码如下：

```
> #图像的加减乘除
> display(img+0.5)
> display(img-0.5)
> display(img*0.5)
> display(img/0.5)
```

图 7-8 图像的加减乘除运算结果

2. 数字图像的乘方运算

数字图像的乘方操作会使数值小的像素点更趋于0,而本身为1的白像素点保持不变,以更好地对图像中的白像素点进行观察和分析(图7-9)。

代码如下:

```
> #图像的乘方运算
> display(img^4)
> display(img^20)
> display(img^0.25)
> display(img^0.05)
```

图 7-9 图像的乘方运算结果

通过公式"1-img",可以实现数字图像的反色处理,有时可以有效地提取图像的信息(图7-10)。代码如下:

```
> display(1-img)
```

图 7-10 图像的反色运算

7.2.4　数字图像的空间变换

数字图像的空间变换包括图像的平移、尺寸缩放、旋转等操作，在 EBImage 包中采用 translate、resize、rotate 等函数来实现（图 7-11）。

代码如下：

```
> #图像的空间变换
> #图像裁剪
> img_crop<-img[366:768, 58:512] #参数分别为选择的图像
区域和通道
> display(img_crop)
> #图像缩放
> img_re<-resize(img, w=128, h=85)
> display(img_re)
> #图像移动
> img_translate<-translate(img,c(100,-50))
> display(img_translate)
> #图像旋转30°,bg.col为背景颜色
> img_rotate<-rotate(img, 30, bg.col = "white")
> display(img_rotate)
> #图像转置
> img_t<-transpose(img)
> display(img_t)
> #图像沿y轴反转
> img_flip<-flip(img)
> display(img_flip)
> #图像沿x轴反转
> img_flop<-flop(img)
> display(img_flop)
```

图 7-11　图像的空间变换

7.2.5 数字图像的空间滤波

现实中的数字图像在数字化和传输过程中常受到成像设备与外部环境噪声干扰等影响，称为含噪图像或噪声图像，图像噪声是图像干扰的重要原因。图像去噪是指减少数字图像中噪声的过程。对于图像去噪，EBImage 包提供了线性滤波器(linear filters)和中值滤波器(median filter)2 种图像空间滤波器。

图 7-12 是噪声图像及图像线性滤波和中值滤波的结果。其中，线性滤波器由 filter2( )函数实现，辅助 makeBrush( )函数可用于生成权函数(weight function)。中值滤波采用 medianFilter( )函数实现。

代码如下：

```
> #图像的空间变换
> #演示去噪操作，首先创造一幅带噪声的图像
> img_noisy<-img
> img_noisy[sample(length(img),length(img)/10)] <- runif(leng
th(img)/10,0,1)
> display(img_noisy)
> #线性滤波器
> w<-makeBrush(size = 5, shape = "gaussian", sigma = 5)
> img_flo<-filter2(img_noisy,w)
> display(img_flo)
> #中值滤波器
> img_median<-medianFilter(img_noisy,1)
> display(img_median)
```

图 7-12 噪声图像及图像线性滤波和中值滤波结果

注：此处特定情况并不能说中值滤波器效果优于线性滤波器，应根据实际情况选择合适的去噪方法。

7.2.6 数字图像的阈值分割

阈值分割法是一种基于区域的图像分割技术，其原理是把图像像素点分为若干类。图像阈值分割是一种传统的较常用的图像分割方法，因其实现简单、计算量小、性能较稳定而成为图像分割中最基本和应用最广泛的分割技术。特别适用于目标和背景占据不同灰度级范围的图像。图像阈值化的目的是要按照灰度级，对像素集

合进行划分，得到的每个子集形成一个与现实景物相对应的区域，各个区域内部具有一致的属性，而相邻区域不具有这种一致属性。这样的划分可以通过从灰度级出发选取一个或多个阈值来实现。EBImage 包中的 thresh( )函数可以使用移动的矩形窗口对图像进行阈值处理，是常用的图像阈值分割处理手段。

代码如下：

```
> #数字图像的阈值分割
> img_thresh<-thresh(img, 10, 10, 0.05)
> display(img_thresh)
```

图像阈值分割结果见图 7-13。

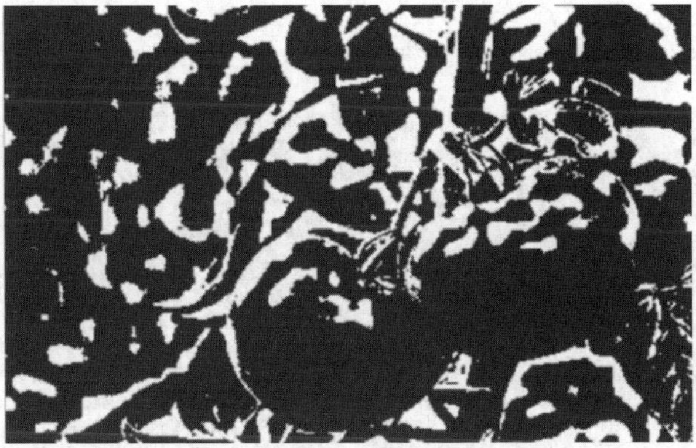

图 7-13　图像阈值分割结果

7.2.7　数字图像的形态学处理

图像的形态学处理是一种基于形状的图像分析方法，它使用数学形态学的概念和算法来处理和分析图像，常用操作包括腐蚀、膨胀、填充等。二值图像是只包含 2 组像素(0 和 1)的图像，代表背景像素和前景像素。在 EBImage 包中提供了多种形态学处理函数，可以应用于二值图像和灰度图像。

(1)腐蚀(erosion)　对于每个前景像素，在它周围放置一个蒙版，如果蒙版覆盖的任何像素来自背景，将该像素设置为背景。

(2)膨胀(dilation)　对于每个背景像素，在它周围放置一个蒙版，如果蒙版覆盖的任何像素来自前景，则将像素设置为前景。

(3)填充(fillhull)　可以填充连通域的封闭区域，填充从给定点开始，扩展到整个连通域。

代码如下：

```
> #图像的形态学原理
> #读取小麦粒的二值图像
> img<-readImage("wheat.png")
> #创造蒙版
> kern<-makeBrush(size = 5, shape = "diamond")
> #腐蚀
> erode_img<-erode(img,kern)
> #膨胀
> dilate_img<-dilate(img,kern)
> #填充封闭区域
> fill_img<-fillHull(img)
> #封闭区域填充颜色
> bw_img<-bwlabel(fill_img)
> display(colorLabels(bw_img))
```

图 7-14 为小麦二值图及腐蚀、膨胀、填充和指定区域填充运算结果。

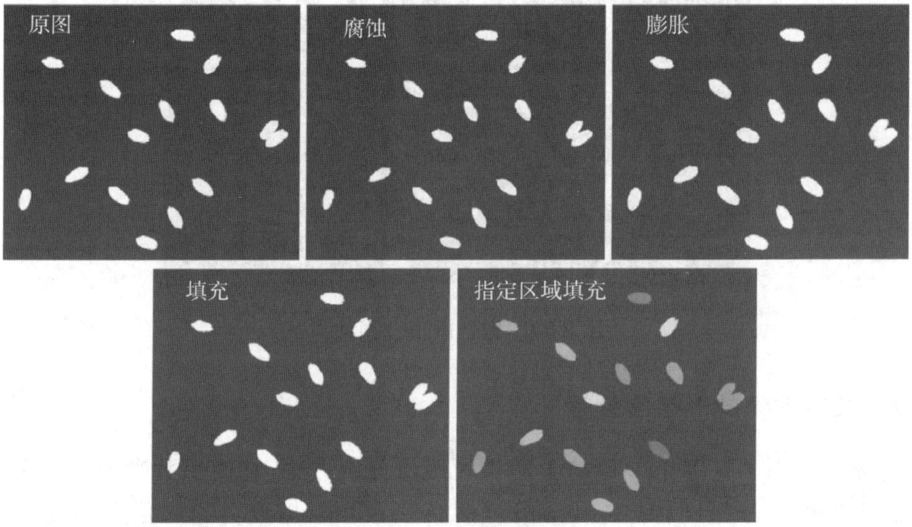

图 7-14　小麦二值图及腐蚀、膨胀、填充和指定区域填充运算结果

7.2.8　基于机器学习的数字图像处理

机器学习是利用已有的数据,归纳得到某种模型,并利用此模型进行预测,常用方法包括回归算法、支持向量机、决策树、随机森林和神经网络等。

回归算法包括线性回归和逻辑回归两类。线性回归是用线性函数来拟合样本空间,进而根据新的输入值来预测输出。拟合效果的好坏用代价函数来评价。逻辑回归是一种分类方法,逻辑回归的分类器一般是线性的。若分类器是非线性的,则引申能拟合出非线性分类器的支持向量机和神经网络方法。

人类的视觉原理是由眼睛捕捉原始图像，接着经过大脑皮层细胞的初步处理，由大脑进行抽象和综合判定物体的形状、颜色等，再进一步抽象和判断物体究竟是什么。计算机视觉也是模拟了这一过程，通过传感器获取数字图像，再经过计算机建模判断物体的各种属性(图 7-15)。

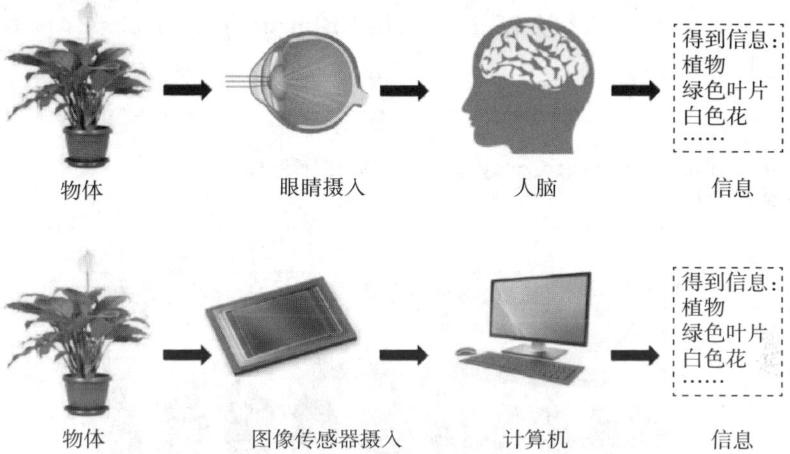

图 7-15　人类视觉和计算机视觉比较

随着科技的进步以及机器学习和深度学习的快速发展，计算机视觉和机器学习在数字图像处理上应用广泛，如用于图像去噪、分类和识别等。数字图像本质上是由像素组成，不同的像素具有不同的位置、灰度、颜色等特征，将这些特征用矩阵表达，再使用机器学习算法建立模型，进行判断和预测，这就是机器学习用于数字图像处理的基本思路(图 7-16)。

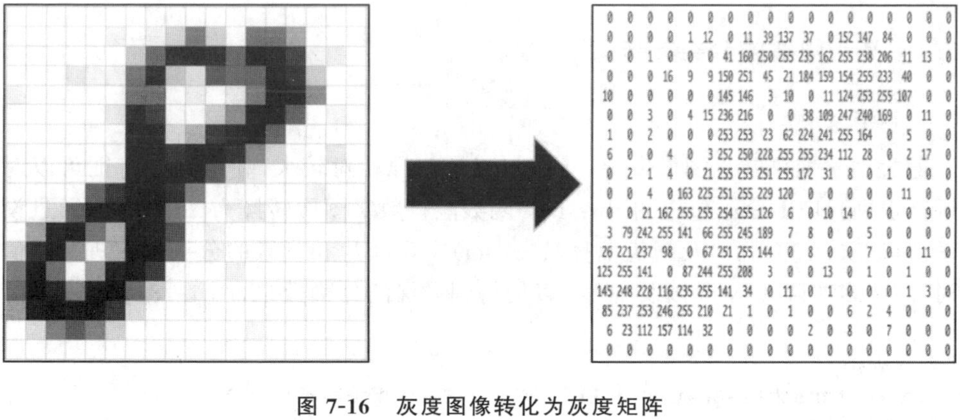

图 7-16　灰度图像转化为灰度矩阵

7.3 农业数字图像分析应用实例

本节以烟草叶片图像为例，分别采用图像阈值分割和机器学习分类模型 2 种方法进行单个叶片识别。利用 EBImage 包中 readImage( )函数读取烟草叶片图像，并保存在变量 gray 中用于后续分割处理；使用 EBImage 包中 display( )函数展示烟草叶片图像(图 7-17)。

```
> #读入图片
> gray <-readImage("tobacco_gray.png") #读取烟草叶片图像
> display(gray)
```

图 7-17　烟草叶片的数字图像

7.3.1 基于阈值的分类方法

1. 阈值分割

通过观察烟草叶片图像发现，叶片与背景差异相对较大，利用这一特征可以对叶片进行识别。EBImage 包中的 thresh( )函数能将数字图像转换为二值图像，通过设置滑动窗口宽(w)和高(h)及阈值偏移量(offset)实现叶片和背景的分割。在进行阈值分割时，需要多次调整 w、h 以及 offset 以便得到最优的分割效果(图 7-18)。

```
> # 阈值分割
> img <- thresh(1-gray,w = 115, h = 255, offset = 0.01)
> display(img)
```

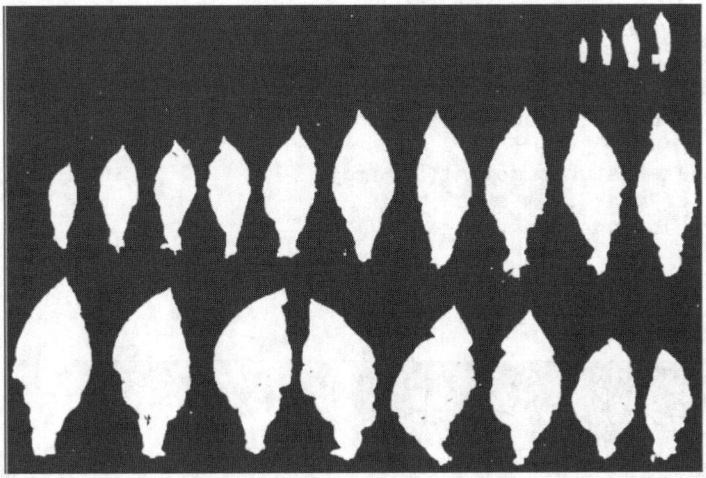

图 7-18　烟草叶片阈值分割图像

2. 图像的腐蚀、膨胀和填充

阈值分割处理后，通过腐蚀、膨胀和填充操作完成单个烟草叶片的识别（图 7-19）。

```
> #图像的腐蚀、膨胀和填充
> kern1 <- makeBrush(9,"disc")     #设置刷子大小和形状
> erode_img <- erode(img, kern1)     #图像腐蚀操作
> kern2 <- makeBrush(5,"disc")     #设置刷子大小和形状
> dilate_img <- dilate(erode_img, kern2)     #图像膨胀操作
> fill_img <- fillHull(dilate_img)   # 补全封闭区域
```

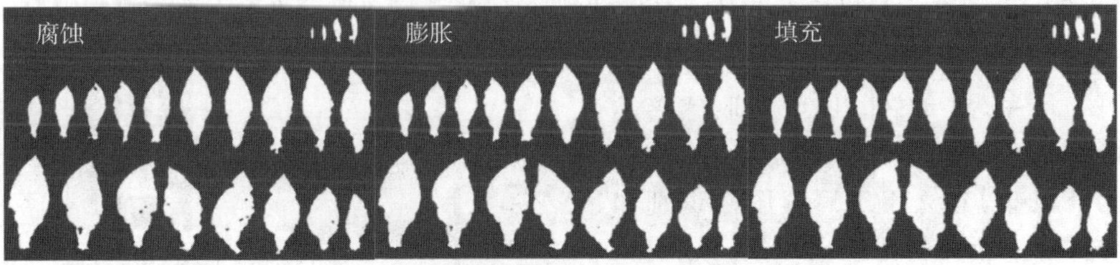

图 7-19　烟草叶片腐蚀、膨胀和填充操作结果

3. 单个叶片标记

bwlabel( )函数是 EBImage 包中对二值图像进行分割的工具，可以识别并标记二值图像中的连通域，能够将图像中的每个独立对象分配一个唯一的标签（图 7-20）。

```
> # 查找并标记每个连通域
> bw_img <- bwlabel(fill_img)    #在图像中分割单个烟草叶片
> #将单个烟草叶片用不同颜色标注
> display(colorLabels(bw_img))
> # 在原图上给每个连通域标号
> M <- computeFeatures.moment(bw_img)
> xy <- M[,c("m.cx", "m.cy")]
> labels <- as.character(1:nrow(xy))
> plot(gray)
> text(xy, labels, col = "white")
```

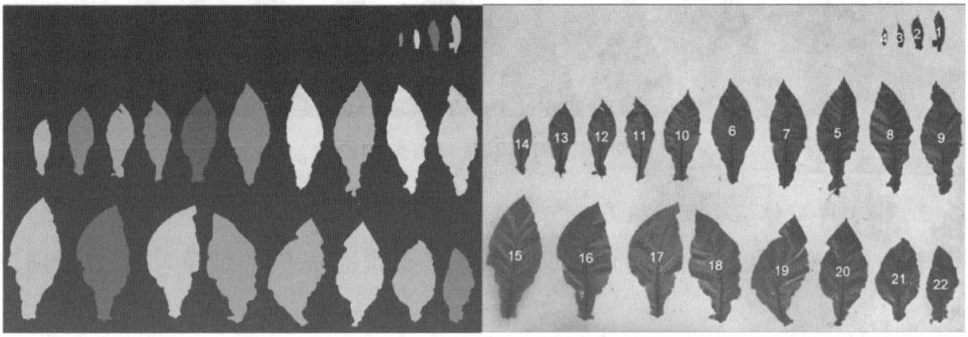

图 7-20　烟草叶片颜色标注以及数字标注

7.3.2　基于机器学习的分类方法

本次采用机器学习中的决策树分类算法进行单个叶片的识别。完整的数字图像由各像素组成,包含需要识别的叶片部分和其他背景部分。从烟草叶片图像中可以看出,在颜色上可以区分叶片与背景,因此以下将从图像的颜色分类入手进行分析。

1. 构建建模训练集

首先,从完整图像中选取感兴趣的图像信息作为前景集,其他部分作为背景集,建立用于后续图像识别和分类算法所需的建模训练集。这一步可以使用上一节介绍的图像截取代码,也可以使用图像编辑软件进行,将前景集、背景集分别以一张无背景的图像形式储存(图 7-21)。

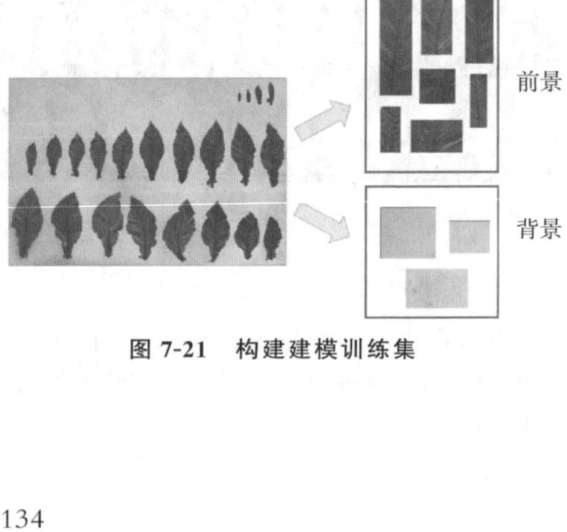

图 7-21　构建建模训练集

2. 构建分类模型

根据构建好的前景、背景训练集，采用分类算法构建分类模型，用于后续的原始图像像素分类。导入前景集、背景集图像后，这里使用 rpart 包中的 rpart( )函数构建基于 CART 算法的决策树分类模型。实践表明，随机森林模型在此分类问题中具有较高的精度和效率。也可以采用支持向量机和随机森林等方法，支持向量机方法使用 e1071 包中的 svm( )函数，随机森林方法使用 randomForest 包中的 randomForest( )函数。

决策树分类模型代码如下：

```
> #灰度图像数据转换为数据框
> convert_color_space <- function(img, remove_alpha = T)
{
+   gray <- matrix(img, ncol = 1)
+   res <- as.data.frame(gray)
+   names(res) <- c('G')
+   res #包含灰度值的数据框文件
+ }
> new_col <- convert_color_space(img, remove_alpha = F)
> #构建分类模型
> library(rpart)
> #导入训练集
> vegetation <- "veg.png" #前景图像
> background <- "back.png" #背景图像
> #创建分类模型
> t_model <- function(vegetation, background){
+   #单通道提取
+   veg <- EBImage::readImage(vegetation)
+   back <- EBImage::readImage(background)
+   veg2 <- convert_color_space(veg)
+   back2 <- convert_color_space(back)
+   veg2$type <- 'vegetation'
+   back2$type <- 'background'
+   df <- rbind(veg2, back2)
+   #使用决策树分类方法
+   model <- rpart::rpart(type ~ G,method = "class", dat
a = as.data.frame(df))
+   return(model)
+ }
> #构建分类模型
> model <- t_model(vegetation, background) #model即为最终
分类模型
```

3. 图像分类和识别

基于训练集构建好分类模型后就可以对原始图像进行预测和分类，将感兴趣的区域从整幅图像中提取出来。其本质上是将原始图像转换为图像矩阵，再根据构建的分类模型逐个像素判断每个像素属于前景或背景，进而对整幅图像的每个像素进行属于前景/背景的分类。根据分类结果可以将图像二值化，再进行腐蚀、膨胀等形态学处理，完善识别结果(图 7-22)。

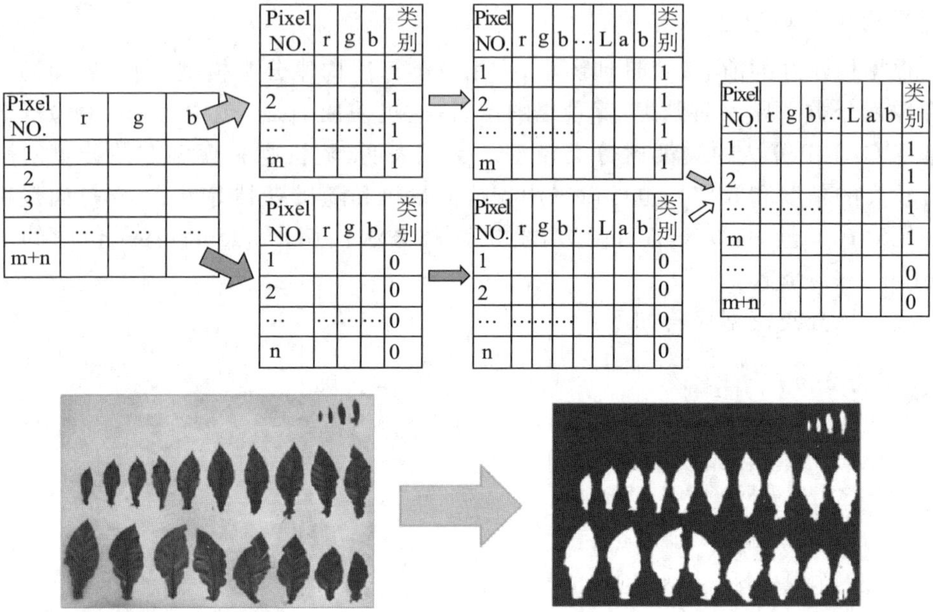

图 7-22　图像分类和二值化

代码如下：

```
> #图像分类和识别
> library(EBImage)
> library(tidyverse)
> #图像分类和二值化
> #t_model为构建的分类模型，new_col为原始图像波段提取数据框
> fit <- predict(model,new_col,type='class')
> fit <- as.numeric(fit) - 1
> #重构为图像
> img1 <- EBImage::Image(fit,dim = dim(img))
> #形态学处理：腐蚀
> kern1 <- EBImage::makeBrush(7, shape = 'disc')
> erode_img <- EBImage::erode(img1, kern1)
> #形态学处理：膨胀
> kern2 <- EBImage::makeBrush(7, shape = 'disc')
> dilate_img <- EBImage::dilate(erode_img, kern2)
> #将每个叶片用不同颜色标识
> bw_img <- bwlabel(dilate_img)
> display(colorLabels(bw_img))
> # 将提取的区域在原图上标识出来
> segmented <- paintObjects(bw_img, img, col = '#FF00F
F', thick = T)
> display(segmented)
> # 在原图上给每个连通域标号
> M <- computeFeatures.moment(bw_img)
> xy <- M[,c("m.cx", "m.cy")]
> labels <- as.character(1:nrow(xy))
> plot(img)
> text(xy, labels, col = "white")
```

通过对比阈值和机器学习的分类结果，二者对单个叶片的识别结果一致，均能达到从烟草叶片图像中分割单个叶片的目的(图 7-23)。

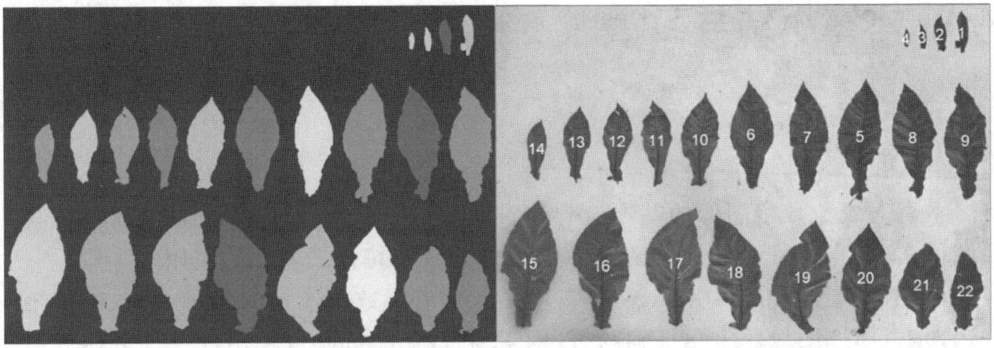

图 7-23 基于机器学习分类的烟草叶片颜色标注以及数字标注

7.3.3 其他参数提取

EBImage 包提供了一组 computeFeatures 函数能够计算图中的每个被标识的连通域的图像特征，包括 computeFeatures. basic、computeFeatures. shape、computeFeatures. moment 和 computeFeatures. haralick。其中：

(1)函数 computeFeatures. basic 能够计算单独连通域的像素空间独立统计(spatial-independent statistics)数据，包括 b. mean 平均值、b. sd 标准差、b. mad 紊乱度、b. q 分位数。

(2)函数 computeFeatures. shape 能够计算单独连通域的形状特征，包括 s. area 区域大小(像素面积)、s. perimeter 周长(像素宽度)、s. radius. mean 平均半径(像素宽度)、s. radius. sd 平均半径的标准差(以像素为单位)、s. radius. max 最大半径(像素宽度)和 s. radius. min 最小半径(像素宽度)。

(3)函数 computeFeatures. moment 能够计算与对象图像矩(image moments)相关的特征，包括 m. cx 质心 x(以像素为单位)、m. cy 质心 y(以像素为单位)、m. majoraxis 外接椭圆的拟合长轴(以像素为单位)、m. minoraxis 外接椭圆的拟合短轴(以像素为单位)、m. eccentricity 外接椭圆的偏心率(值介于 0～1，圆的偏心率为 0，直线的偏心率为 1)和 m. theta 连通域外接椭圆的角度(以弧度为单位)。

(4)函数 computeFeatures. haralick 能够计算连通域的像素纹理特征。通过 computeFeatures. shape 函数计算 s. area，我们能够得到每个单独连通域区域的大小，即每个叶片的像素面积；通过 computeFeatures. moment 函数计算 m. majoraxis 和 m. minoraxis，我们能够得到每个单独连通域区域的图像矩长轴和短轴，即每个叶片的叶长和叶宽的像素宽度。借助参照物或者实测值的实际大小，可以推算叶片的实际叶面积和叶长、叶宽。

7.4 本章小结与习题

7.4.1 本章小结

本章对农业数字图像的基本概念和农业数字图像处理过程的描述，通过植物叶片图像实例，介绍了 R 语言在农业数字图像处理和特征提取上的应用。

(1)数字图像(digital image)是二维图像用有限数值像素的表示，由数组或矩阵表示，是由模拟图像数字化得到的、以像素为基本元素的、可以用数字计算机或数字电路存储和处理的图像。

(2)根据数字图像每个像素在二维空间中特定“位置”的采样数目及特性的不同，数字图像可划分为二值图像、灰度图像、彩色图像、伪彩色图像以及三维图像。

(3)数字图像处理的工具可分为三大类：第一类包括各种正交变换和图像滤波等方法；第二类方法是直接在空间域中处理图像，包括各种统计方法、微分方法及其他数学方法；第三类是数学形态学运算，建立在积分几何和随机集合论的基础上的运算。

(4)常用的图像处理 R 语言包有 magick、imager、OpenImageR、imagefluency、colorfindr 以及托管在 bioconductor 上的 EBImage 等包。

7.4.2 习题

运用本章介绍的基本方法和原理，对图 7-24 中玉米种植小区内 8 株玉米的植被覆盖度进行计算和分析。植被覆盖的计算公式为：

$$植被覆盖度=\frac{小区内植被部分像素}{小区范围总像素}$$

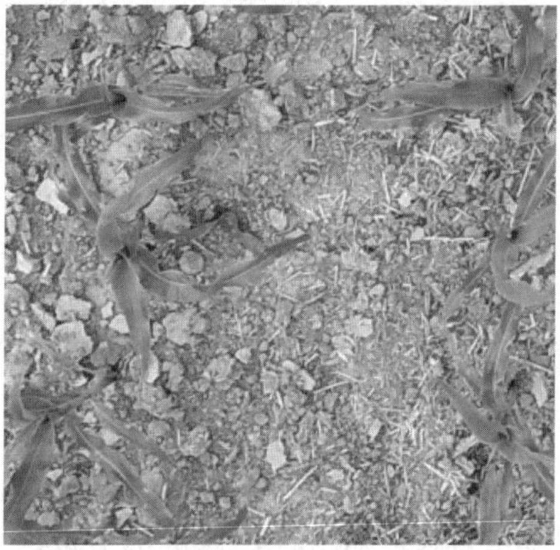

图 7-24 玉米种植小区植被覆盖状况

参考文献

[1] 程乾，刘永，高博. R语言数据分析与可视化从入门到精通. 北京:北京大学出版社，2020.

[2] 何晓群. 应用回归分析(R语言版). 北京:电子工业出版社，2017.

[3] 贾俊平，何晓群，金勇进. 统计学. 7版. 北京:中国人民大学出版社，2018.

[4] 梁龙恺，付鹤，陈峰蔚，等. 深度学习与医学图像处理. 北京:人民邮电出版社，2024.

[5] 刘顺祥. R语言数据分析、挖掘建模与可视化. 北京:北京大学出版社，2020.

[6] 谢佳标. Keras深度学习:入门、实战与进阶. 北京:机械工业出版社，2021.

[7] 杨慧芳. AI医学图像处理. 北京:人民邮电出版社，2024.

[8] 张良均. R语言数据分析与挖掘实战. 北京:机械工业出版社，2015.

[9] 赵军，戴静毅. R语言医学多元统计分析. 北京:人民邮电出版社，2024.

[10] 周志华. 机器学习. 北京:清华大学出版社，2016.

[11] Cohen Yosef, Jeremiah Y Cohen. Statistics and data with R: An applied approach through examples. NW: Wiley, 2008.

[12] Jones Elinor, Harden Simon, Crawley J Michael. The R book. 3ed. NW: Wiley, 2022.

[13] Lantz Brett. 机器学习与R语言. 3版. 许金炜，李洪成，潘文婕，译. 北京:机械工业出版社，2021.

[14] Rafael C Gonzalez, Richard E Woods. 数字图像处理. 4版. 北京:电子工业出版社，2020.

[15] Robert I Kabacoff. R语言实战. 3版. 阮秋琦，阮宇智，译. 北京:人民邮电出版社，2013.

[16] Scott V Burger. 基于R语言的机器学习. 北京:中国电力出版社，2018.

[17] Stinerock Robert. Statistics with R: a beginner's guide. London: Sage Publications Ltd. 2022.

[18] Teetor Paul. R Cookbook. California: O'Reilly, 2011.

[19] Wickham Hadley, Grolemund Garrett. R数据科学. 北京:人民邮电出版社，2018.